ROBERT
GERNHARDT
Wenn schöne Frauen
morgens sich erheben

Inhaltsverzeichnis

Gegen Götter kämpfen selbst Dumme vergebens

Das Elend hat viele Namen

Zeig mir deinen Paß – und ich sage dir, wer du bist

Schöne Fraun, die haben immer recht

Schöne Fraun

Schöne Fraun, die haben immer recht.
Sie mögen zwar böse sein, doch sie sind nie schlecht.

(Schöne Fraun und schlecht –
das wäre ja noch schöner!)

Schöne Fraun, die tun nicht immer gut.
Jedoch allein ihr Anblick! Wie gut der tut!

(Es gibt nichts Schöneres
als den Anblick schöner Fraun!)

Schöne Fraun, die sind das Schönste auf der Welt.
Und wir Männer sind der Mond, der den Hund anbellt.

(Daß sie uns auch noch den allerletzten Rest Verstand
rauben, das ist das Allerschönste an schönen Fraun!)

Schöne Fraun! Wer möchte sie nicht immer sehn!
Doch bleiben schöne Fraun gottlob nicht immer schön.

(Dann wird man endlich auch drei, vier Worte über
den Charakter dieser Biester verlieren können.
Bis dahin aber heißt es:)

Schöne Fraun etc.

Eine Frau zwischen zwei Männern

An einem Dienstagabend wartete ein Kulturredakteur in einem grie-
chischen Lokal auf das Eintreffen einer Bekannten, mit der er, aber das
lag lange zurück, ein Verhältnis gehabt hatte. Schon damals war sie un-
pünktlich gewesen, und so kränkte es ihn nicht weiter, daß sie sich nicht
zum vereinbarten Zeitpunkt eingefunden hatte. Im FAZ-Magazin blät-
ternd, trank er vom trockenen Weißwein und vertiefte sich schließlich
in eine Rubrik des Magazins, ›Fragebogen‹, der diesmal vom Fußball-
trainer Hennes Weisweiler beantwortet wurde: »Der Fragebogen, den
der Schriftsteller Marcel Proust in seinem Leben gleich zweimal ausfüll-
te, war in den Salons der Vergangenheit ein beliebtes Gesellschaftsspiel.
Wir spielen es weiter: heitere und heikle Fragen als Herausforderung an
Geist und Witz.«
Bei Hennes Weisweiler freilich schien diese Herausforderung ins Leere
gelaufen zu sein; selten hatte der Redakteur, der die seit Jahren erschei-
nende Rubrik regelmäßig verfolgte, derart glanzlose Antworten gelesen:
Was wäre für Sie das größte Unglück? Atomkrieg. Wer oder was hätten
Sie sein mögen? Was ich bin. Was möchten Sie sein? Schriftsteller. Ihr
Traum vom Glück? Meisterschaften und Pokale gewinnen.
Pokale! Der Redakteur schaute auf die Uhr, die bereits 40 Minuten nach
acht zeigte, das gab ihm doch einen Stich. Nicht, daß er sich besonders
auf das Kommen seiner Bekannten gefreut hätte, es war so etwas wie
ein Routinetreffen, dann und wann sah man sich eben, man war ja nicht
im Streit geschieden und wollte einander nicht völlig fremd werden, zu
gewinnen war da nichts mehr, also auch nichts zu verlieren – doch ihre
gänzliche Nachlässigkeit verletzte den Redakteur. Wie kam es eigentlich, daß Menschen, die einander nicht mehr zu entrücken vermochten,
einander immer noch kränken konnten? Für einen Moment glaubte der

Redakteur mit dieser Frage an etwas sehr Tiefes und Ungeklärtes zu rühren, an etwas, das geheimnisvoll drohend zwischen den Geschlechtern stand, jeder Lust und Verzückung bereits von Anfang an beigemischt und am Ende der schreckliche Bodensatz jedweder Verzauberung, als ihm einfiel, daß er am Vormittag bereits von seinem Gemüsehändler gekränkt worden war – der hatte ihm, der gerade eine Mangofrucht prüfte, ungewaschene Pfoten vorgeworfen –, ohne daß doch dieser Krämer ihn jemals nennenswert entrückt hätte. War also nichts mit Tief und Ungeklärt – schade. Mißmutig las der Redakteur weiter:
Ihr Lieblingsschriftsteller? Jack London. Ihr Lieblingslyriker? Heinrich Heine.
Jäh schauderte es den Lesenden bei der Vorstellung, wie es in diesem Trainerkopf ausschauen mochte, in welchem Loreley und Wolfsblut einträchtig auf dem Felsen saßen und einander das reichliche Haar kraulten – oder stapfte da König Alkohol geradewegs durch ein Wintermärchen? Er wollte das Heft schon zuklappen, als er mit der Wachheit des Wartenden wahrnahm, wie seine Bekannte das Lokal betrat und suchend die Tische musterte. Rasch starrte er wieder angestrengt ins Magazin:
Wie möchten Sie sterben? Schnell.
Doch ebenso schnell hatte die Bekannte ihn ausgemacht: »Hallo, Gerhard, das hier ist Ralf, Ralf, das hier ist Gerhard.«
Erneuter Stich, tiefere Verletzung, fast schien es so, als wolle die Bekannte beidem zuvorkommen, so rasch sprudelten ihre Erklärungen. Also Ralf, übrigens Lektor im XY-Verlag, sei zufällig auf der Durchreise, und da sie sowohl Ralf habe sehen als auch ihn, den Redakteur, habe treffen wollen, sei sie auf den Ausweg verfallen, Ralf gleich mitzubringen, er habe doch sicher nichts dagegen.
»Nein, nein, überhaupt nicht.«
»Das freut mich«, sagte der Lektor und stellte etwas ächzend eine schwere Reisetasche ab. Wieso lief der eigentlich mit einer derart schweren Reisetasche rum? Ach ja, er war ja auf der Durchreise.

Der Redakteur hatte natürlich eine Menge gegen Ralf. Wer war ihm Ralf? Er hatte sich auf ein erinnerungsgesättigtes Tête-à-tête gefreut, auf die wärmende Bandbreite unschuldiger Intimitäten, letzte Reste ehemaligen Feuers, von gezielt zufälligen Berührungen bis hin zu reaktivierten biographischen Details – »Ach ja, richtig, du trinkst ja keinen Kaffee« –, und nun dies. Was lief da überhaupt? Fast etwas zu aufgeräumt wies der Redakteur auf die leere Bank an der ihm gegenüberliegenden Tischseite, beinahe erleichtert registrierte er, daß sich die beiden nicht nebeneinander setzten, sondern Ralf alleine auf die Bank rutschte, während seine Bekannte den Stuhl an der Stirnseite des Tisches einnahm.

Ach ja, und die Verspätung – die Bekannte tippte den Redakteur flüchtig auf den Handrücken –, das sei nämlich so gewesen: Jemand hatte ihren in der Nähe der Volkshochschule abgestellten Wagen zugeparkt, trotz Hupens sei niemand aus einem der anliegenden Häuser gekommen. Sie hätten eine Zeitlang wartend im Wagen gesessen – nicht wahr, Ralf? – dann sei ihr die Geduld gerissen – aber echt – sie sei schon ausgestiegen, um dem Schwein die Windschutzscheibe zu verkleben –

»Wie bitte?«

»Ich hatte zufällig einen Haufen Paketaufklebekarten dabei, mit denen wollte ich ihm die Scheibe zupflastern.«

»Und?«

»Und wie ich gerade meine erste Karte aufpappen will, da sehe ich, daß da jemand zusammengesunken im Wagen sitzt und seelenruhig pennt. So war es doch, Ralf?«

Wieder ein Stich – wenn die beiden bereits diese Geschichte miteinander teilten, was mochte sie sonst noch alles verbinden? – doch dann überwog die Freude des Redakteurs am glänzenden Einfall seiner Bekannten. Paketaufkleber! Sollte man sich für ähnliche Fälle merken! Und wie ging's weiter?

Wie zu erwarten. Zum Kleben sei sie natürlich nicht mehr gekommen, leider, den Typ da aber habe sie sehr unsanft aus seinem Schlummer gerissen, und ihre Meinung habe sie ihm auch gesagt, nicht zu knapp, der habe daraufhin fluchtartig Leine gezogen, na ja, Schwamm drüber, nun seien sie ja hier.

Ein Ober brachte drei in Kunststoff geschlagene Speisekarten, als Kenner des Lokals sah sich der Redakteur aufgefordert, den anderen Entscheidungshilfe zu leisten, und nach allerlei rhetorischen Fragen – »Was ißt man denn hier?« – Grundsatzerklärungen – »Ich wollte heute eigentlich gar nichts mehr essen« – und stützenden Einwürfen – »Der Gyros ist hier ganz ordentlich« – wußten schließlich alle, was sie wollten: »Einmal Mousaka.« »Mir das Riganato.« »Und ich hätte gern Gyros und, nein, erstmal nur Gyros.«

»Jiros«, verbesserte der Redakteur, da seine Bekannte das Gericht mit einem harten G und einem ü ausgesprochen hatte.

»Hier steht aber Gyros.«

»Es heißt aber Jiros.«

»Ach was. Einmal Gyros.«

»Und zu trinken?« fragte der Ober. Natürlich auch zu trinken. Ein halber Liter Demestika für alle? Ach nein, bringen Sie doch gleich einen ganzen Liter!

Entspannt, wie nach getaner Arbeit, lehnten sich alle zurück und ließen die Blicke schweifen.

»Nett hier«, sagte der Lektor.

»Ich geh eigentlich nicht mehr so oft zu Griechen«, sagte die Bekannte.

»Grieche ist nicht gleich Grieche«, sagte der Redakteur.

Dann herrschte Ruhe; als Ruhe vor dem Sturm kam sie dem Redakteur vor, dann eben Sturm, dachte er trotzig, heute spiel ich mal nicht den Verbindlichen, sollen die doch diesen Part übernehmen, der doch, korrigierte er sich, doch wie immer in solchen Fällen war er es, der schließlich das Schweigen brach: »Und du? Hast du immer noch mit deinen Legasthenikern zu tun?«

Hatte sie schon lange nicht mehr. Das Praktikum sei doch befristet gewesen, nun warte sie auf eine Stelle und arbeite aushilfsweise in der Volkshochschule – der Redakteur, der bereits seit Jahren nicht mehr in der Lage war, den verschlungenen Ausbildungsgängen seiner Bekannten zu folgen, rettete sich in gut plazierte Achsos und Achjarichtigs, schaute mal finster-ungläubig, wenn von unglaublich finsteren Streichungen im Sozial- und Bildungssektor die Rede war, und mal verwundert-spöttisch, wenn die Bekannte darüber spottete, die da oben würden sich noch mal wundern, wenn die Folgen solcher Restriktionspolitik – doch mitten in ihre Klagen trug der Ober die Gerichte auf. »Das Riganato ist für mich.« »Sieht ja lecker aus.« »Kann ich noch etwas Zitrone haben?«

Zugleich kam auch der Wein, für einen Moment blickten alle auf das randvolle Kupfergefäß und die leeren Gläser, bis der Redakteur dem Lektor, der bereits die Hand ausgestreckt hatte, flink zuvorkam und das Einschenken besorgte. Heimvorteil? Unsicherheiten beim Gegner? Oder nur ein taktisches Manöver? Der Redakteur wandte sich dem Riganato zu.

Kleine Gespräche begleiteten das Essen. Eine Zeitlang drehten sie sich um den Verlag, in welchem der Lektor angestellt war und dessen Produktion der Redakteur behutsam zu sezieren begann, nicht lange, denn der Lektor entwand ihm geschickt das Skalpell, indem er freimütig zu erkennen gab, daß er der letzte wäre, der sich mit der Richtung des Hauses in toto identifizieren könnte. Im Detail aber wußte er so bezeichnende und erheiternde Begegnungen mit Dichtern und Auseinandersetzungen mit Kaufleuten zu schildern, daß der Redakteur in das Gelächter seiner Bekannten miteinstimmen mußte. Ich Blödmann, dachte er dabei.

Dann wurde abgeräumt und eine neue Kerze angezündet. Sinnend strich sich der Lektor durch den schönen Bart, versunken studierte die Bekannte nochmals die Speisekarte, langsam zerlegte der Redakteur ein Streichholz in mehrere gleich lange Teile, die er mit beinahe heftiger Bewegung in den Aschenbecher warf. Interessierte sich eigentlich niemand für das, was er gerade machte?

Offenbar nicht. Vielmehr sprach seine Bekannte den Lektor – ihren Bekannten, dachte der Redakteur verbittert – auf eine offenbar gemeinsame Bekannte an und auf deren offenkundige Schwierigkeiten mit ihrem Freund, der sich nicht von seiner Frau trennen wolle, obwohl doch deren Freund – Scheiße, dachte der Redakteur, während immer undurchsichtigere, den beiden Plaudernden aber bestens geläufige Namen fielen, und halblaut sagte er: Scheiße. Fast erschrocken hielt er sich die Hand vor den Mund, beinahe ostentativ lehnte er sich zurück. Er, der während ihrer gemeinsamen Zeit so viel Stolz darein gesetzt hatte, niemals eifersüchtig zu sein, spürte auf einmal, wie er alle Anzeichen der Eifersucht entwickelte, angefangen vom Schmollen über das Sichentziehen bis hin zum – aber das fehlte noch, daß er auch noch direkt werden würde. Nein, das würde er denn doch nie werden. Er doch nicht.

Er wurde es wenig später, als eine Gesprächspause eintrat, da der Wein alle war. »Bestellen wir noch einen halben Liter?« fragte er, um sogleich hinzuzufügen, er jedenfalls könne einen ordentlichen Schluck vertragen, diese Art von heillosen Beziehungskisten schlage ihm regelmäßig

auf den Magen. Erstaunt schauten ihn die beiden anderen an. »Ist was?«
fragte seine Bekannte.

»Ach nein, nichts«, antwortete er zunächst; doch da er spürte, daß er
seinen Unmut zu begründen hatte, wollte er nicht als Übelnehmer und
Sauertopf dastehen – prüfend musterte ihn seine Bekannte, forschend
beugte sich der Lektor vor, so daß beider Schultern einander in aller
Unschuld berührten, wirklich in aller Unschuld? – da also griff der Redakteur trotzig nach dem nächstbesten rettenden Strohhalm und be-
richtete, er sei im Moment ganz einfach etwas sauer, da sein Ressort-
leiter bereits zum zweiten Male einen von ihm verfaßten Beitrag über
Hitchcock geschoben habe, und der hätte doch eigentlich bereits vor
einer Woche in der Samstagsbeilage kommen sollen, anläßlich des Be-
ginns der Hitchcock-Retro im Kommunalen Kino.

»Kann man denn zu Hitchcock überhaupt noch etwas Neues sagen?«
fragte der Lektor, und für einen Moment zögerte der Redakteur, diese
Frage zu beantworten. War sie interessiert gemeint? Lediglich hilfreich?
Gar tückisch?

Vorsichtig setzte er seine Worte, wie auf Eis, stets auf ein Knacken gefaßt:
»Nein, nein, nichts wirklich Neues. Ich habe anläßlich der Retro und
anhand einiger Filme und Selbstzeugnisse lediglich den Suspense-Be-
griff Hitchcocks erläutert und vor allem auf den Unterschied zwischen
dem wichtigen Suspense selber und seinen stets nichtigen Anlässen
hingewiesen, indem ich letztere mal chronologisch aneinandergereiht
habe, all die Geheimformeln, die kriegswichtigen Chemikalien, die Re-
gierungsgeheimnisse –«

»Die MacGuffins also«, sagte der Lektor.

»Die was?« fragte die Bekannte.

Der Lektor und der Redakteur wechselten einen Blick. Wer war mit Erklären dran? Schon wollte der Redakteur in Angriffsstellung gehen, als
ihm ein Kopfnicken des Lektors signalisierte, daß der ihm das Hitch-
cock-Terrain kampflos überließ. Gelassener referierte er daher, wie
Hitchcock selber den Begriff des MacGuffin interpretiert habe, daß der

ein Trick sei, ein Vorwand, Personen in Gang zu setzen, sie dazu zu veranlassen, sich in lebensgefährliche Situationen zu begeben, letztlich für nichts und wieder nichts, da der MacGuffin wie gesagt nichts beinhalte, sondern lediglich eine Marschrichtung angebe, in ›Eine Dame verschwindet‹ beispielsweise sei der MacGuffin –

»Meinst du jetzt diesen jungen Musikwissenschaftler, diesen … diesen …« – die Bekannte schaute etwas unsicher vom Redakteur zum Lektor, worauf die beiden Männer nach kurzem Blickaustausch ebenfalls nachdenklich die Tischplatte musterten: An wem war es nun, die Bekannte über ihren Irrtum aufzuklären?

»Du kennst den Film?« fragte der Lektor schließlich.

Ja sicher, bestätigte die Bekannte, den habe sie doch schon zweimal gesehen, einmal im Kino und einmal im Fernsehen, an einen MacGuffin freilich könne sie sich beim besten Willen nicht erinnern.

»Der MacGuffin ist die Melodie«, sagte der Lektor und fügte fast entschuldigend hinzu, er sei momentan in Hitchcock ziemlich firm, da er vor kurzem eine in den Staaten erschienene Hitchcock-Biographie daraufhin zu prüfen gehabt habe; ob sie etwas für das Verlagsprogramm sei.

»Die von Spoto?« fragte der Redakteur.

»Ja, ja, genau die.«

Der Redakteur, der seine Bekannte kannte, spürte deren Verärgerung. Er wußte, daß er am Scheideweg stand. Wenn er jetzt zur Bekannten hielt, konnte er Ralf mit Leichtigkeit in die Defensive drängen, vielleicht sogar gänzlich ausspielen. Obwohl er darüber unterrichtet war, daß seine Bekannte nach ihm andere Männer gehabt hatte, war ihm das immer wie ein unglaublicher, ja unglaubwürdiger Frevel erschienen: Du sollst nicht andere Männer haben nach mir. Eines freilich war es gewesen, von den anderen lediglich zu wissen – Das werden schon Typen sein! Ha! – ein anderes aber, einen dieser anderen in Fleisch und Blut vor sich zu sehen. Hatten die beiden bereits was miteinander? Wollten sie etwas miteinander haben?

»Das begreife ich jetzt nicht«, sagte die Bekannte.

»Was?« fragte der Lektor.

»Das mit der Melodie. Die war doch ohne Text.«

»Ja, natürlich.«

»Und wieso sagst du dann, daß das die MacGuffin-Melodie war?«

»Nein, nein, das habe ich nie gesagt. Ich sagte nicht: ›Das war die Mac-Guffin-Melodie‹, sondern: ›Die Melodie ist der MacGuffin‹.«

Kopfschüttelnd schlug die Frau auf den Tisch. Aber das sei doch Unfug. Eine Melodie könne doch keine Person sein. Man könne doch höchstens eine Melodie einer Person zuordnen. Beispiel: Die Schiwago-Melodie. Beifallheischend schaute sie den Redakteur an. Der wußte, daß er sich nun blitzschnell entscheiden mußte. Schlug er sich auf die Seite seiner Bekannten, stünde der Lektor auf verlorenem Posten: Einer gegen zwei, ein, zumindest für diesen Abend, wiederhergestelltes Paar gegen den Rest der Welt. Ein kleines sacrificium intellectus – und dieser Ralf würde für den weiteren Abend kein Land mehr sehen. Und hatte er das nicht tausendfach verdient? Er, der so unsensibel das so delikate Gleichgewicht ihres so erinnerungsträchtigen Treffens aus der Balance gebracht hatte? Ihres! Der Plural wärmte den Redakteur und erschreckte ihn fast. Gewiß, eigentlich hatten sie nur noch eine gemeinsame Geschichte, nicht mehr. Wirklich nicht? Wäre nicht auch eine gemeinsame Gegenwart wiederherstellbar? Wenigstens kurzfristig? Und sei es auch nur, um diesen Ralf da in die Schranken zu weisen? Der Redakteur wußte, daß seine Bekannte immer noch alleine wohnte. Lebte sie auch allein? Und wo übernachtete der Lektor eigentlich? Der Blick des Redakteurs fiel auf die Reisetasche seines Gegenübers. Das sah nicht gerade nach fester Unterkunft aus. Wollte der heute noch weiter? Aber fuhren so spät überhaupt noch Züge?

Er schaute verstohlen auf die Uhr – schon immer hatte es seine Bekannte gekränkt, wenn er in ihrer Gegenwart auf die Uhr geschaut hatte –, gerade wollte er die MacGuffin-Affäre mit einem Scherz vom Tisch wischen, um seine Bekannte sodann in derart gemeinsame Erinnerungen zu verstricken, daß der Lektor früher oder später glasklar erkennen müßte, wie völlig fehl am Platz er sei, gerade wollte er zu ihr überlaufen – und er wußte auch bereits, wie er dieses erneuerte Bündnis sinnfällig besiegeln wollte, indem er nämlich die Bekannte mit jenem Scherz- und Kosenamen anredete, den er nach ihrer endgültigen Trennung nie wieder verwandt hatte, Spatzl – da spürte er den Ruck an der Angel.

Der Redakteur nämlich war einer jener immer seltener zu findenden Menschen, die auch in dieser Welt der Kompromisse und in dieser Zeit um sich greifender Relativierungen von der Gewißheit erfüllt waren, daß Wahrheit erkennbar, benennbar, unteilbar, vor allem aber für jedermann unverzichtbar sei; woraus sich für jene, die sich im Besitz der Wahrheit befanden, die Verpflichtung ergab, jenen, die da arg- und sorglos in der Unwahrheit dahinlebten, mit der Fackel ihres Wissens heimzuleuchten, sie aus dem Sumpf niederziehenden Irrtums in die klaren Höhen erlösender Erkenntnis emporzuführen. Überall und immer! Konnte nicht jede Stunde die letzte sein? Und ging es da an, noch die unbedeutendste Seele im noch so geringen Irrtum zu belassen, sie gar darin zu bestärken? Sie in die Irre zu leiten; womöglich für immer und ewig? Der Redakteur hatte keine andere Wahl.

»Der MacGuffin ist ein gimmick«, sagte er.

»Wie bitte?« fragte die Bekannte. »Eben hast du doch noch gesagt, er sei eine Melodie.«

Erneuter Irrtum! Das war der Lektor gewesen. Und diesmal zögerte der Redakteur, den Fehler richtigzustellen. Eigentlich war ja nun er dran, dieser Ralf. Nicht daß der an diesem Irrtum schuld war, doch er hatte ihn zweifellos erregt. Der Redakteur betrachtete eindringlich die Tischdecke. Für alle Irrtümer der Welt war er denn doch nicht haftbar zu machen.

»Das habe *ich* gesagt«, sagte der Lektor. »Aber es stimmt, daß solch ein MacGuffin durchaus beides sein kann, eine Melodie und ein gimmick« – worauf er eilends hinzufügte, daß das insofern nicht ganz stimme, als der MacGuffin mit Sicherheit immer ein gimmick, jedoch nur in Ausnahmefällen eine Melodie sei – »und das war er nun mal in ›The Lady Vanishes‹.«

»Ein MacGuffin ist also ein gimmick«, sagte die Bekannte gedehnt. »Und was ist ein gimmick?«

Nun war er wieder dran. Der Redakteur wußte das, und diesmal antwortete er, ohne zu zögern: »Ein gimmick ist eine Finte, ein Dreh. Oder, wenn du so willst, ein Trick.«

Wieder schlug die Frau fast empört auf den Tisch. Was sie wolle, sei einzig und allein, endlich mal darüber aufgeklärt zu werden, worum in aller Welt es eigentlich gehe. Wieso beispielsweise eine Melodie ein Trick sei. Dann seien wohl alle Musikfilme zugleich Trickfilme?

»Wieso das denn?«

»Wenn die Melodie ein MacGuffin ist und der MacGuffin ein gimmick und der gimmick ein Trick – dann folgt daraus, daß die Melodie ein Trick ist. Jedenfalls nach den Gesetzen der Logik. Oder?«

Diesmal war es der Lektor, dem sie sich fast triumphierend zuwandte, und aufschreckend erkannte der Redakteur, daß der es nun in der Hand hatte, die Fronten entscheidend umzukehren. Der brauchte ja nicht einmal in den Triumph der Frau miteinzustimmen. Der mußte ihn ja nur schmunzelnd bestätigen oder sie stillschweigend gewähren lassen, und schon würde er selber, ausgestoßen, als notorischer Besserwisser dastehen, als humorloser, ja etwas wirrer Faktenhuber, ein cineastischer Michael Kohlhaas auf einsamem Posten, während die da, ein Herz und eine Seele, durch ihn erst sich ihres Zuzweitseins bewußt würden – gar ihrer Zweisamkeit? Wieder fiel sein Blick auf die Reisetasche des Lektors, wieder schaute er, diesmal ganz offen – was hatte er noch zu verlieren? – auf die Uhr. Nein, jetzt fuhren ganz bestimmt keine Züge mehr. Na ja, dann war die Sache eben gelaufen. Da geschah es.

»Ich fürchte, Elke, das mit dem MacGuffin hast du immer noch nicht ganz begriffen«, sagte der Lektor, und ohne auf den sich verfinsternden Gesichtsausdruck der Frau zu achten, auf ihr Zurücklehnen und ihr Abrücken, fuhr er fort: »Mit dem MacGuffin bei Hitchcock ist das so –«

Den Beginn der nun folgenden Ausführungen nahm der Redakteur nur undeutlich wahr. Nicht die Bedeutung der Worte war ihm wichtig, ihr Gehalt war es: Daß ihm da ein Gleichgesinnter gegenübersaß, einer, dem gleich ihm die unteilbare, dauernde Wahrheit kostbarer war als der flüchtige Vorteil, welcher sich daraus ziehen ließ, die einmal als wahr erkannte Wahrheit den jeweiligen Gegebenheiten anzupassen, sie zurechtzustutzen, gar völlig zu verraten: Bevor der Hahn dreimal gekräht hat …

Aber kein Hahn, der Ober unterbrach den Redenden. Ob sie noch etwas zu trinken wollten?

Die drei blickten auf. »Ich hab noch was«, sagte die Frau abwehrend. »Ich könnte noch was vertragen«, sagte der Lektor. »Noch mal dasselbe«, sagte der Redakteur bestimmt, und dann gingen die beiden Männer gemeinsam daran, die Frau von ihrem Irrtum zu erlösen.

»Also noch mal«, begann der Lektor: »Der MacGuffin ist ein gimmick« – Er sei, genau gesagt, die typisch Hitchcocksche Variante dieses, ja, Tricks, fiel der Redakteur ein – »Richtig!« – Hitchcocks Kino sei doch zuallererst ein Kino der Gefühle – »Aber eines, das sie nicht zeigt, sondern hervorrufen soll« – Jawohl, beim Zuschauer, und deswegen habe Hitchcock in all seinen Filmen seine Protagonisten in eine nach Möglichkeit nicht abreißende Kette von Angst, Furcht, Hoffnung, Erleichterung und erneute Angst erregenden Situationen geschickt – »Erregend! Meint natürlich: den Zuschauer erregend« – Sehr wahr! Also mit einem Wort: suspenseerregend. Und da nun habe Hitchcock ständig vor dem Problem gestanden, weshalb denn seine Protagonisten all diese Schrecklichkeiten auf sich nähmen – »Beziehungsweise: Was eigentlich die jeweiligen Bösewichter dazu veranlaßt, den meist doch nur tumben, auf jeden Fall harmlosen Guten derart schrecklichen Harm anzutun« – Korrekt, und das Movens nun, aber das habe er ja schon alles bereits vor Stunden gesagt, sei der MacGuffin, meist eine Geheim-, besser Leerformel – »Die mathematische Formel in ›The Thirty-nine Steps‹« – Ja, oder das Uran in ›Notorious‹ – »Oder die Regierungspapiere in ›North by Northwest‹« – Oder die Geheimklausel in ›Foreign Correspondent‹ – »Genau! Alles also, ebenso wie die von der alten Dame nach London transportierte Melodie in ›The Lady Vanishes‹, vorgegebene, besser vorgebliche Motive, deren Bedeutsamkeit dem Zuschauer des Films lediglich suggeriert, nie aber bewiesen oder gar sinnfällig vor Augen geführt wird« – Eben! In ›The Thirty-nine Steps‹ habe Hitchcock zwar einmal eine solch sinnfällige Beweisführung erwogen – »Mit den unterirdischen Flugzeughallen, richtig! Aber« – Die habe er dann ja wieder aus dem Drehbuch gestrichen, und übriggeblieben sei nur diese Geheimformel und dieser … dieser … »Mr Memory!« – Genau! Der die Geheimformel im Gedächtnis behalten und außer Landes schmuggeln sollte – »Stimmt! Und Hitchcock selber hat die Nichtigkeit des MacGuffin in einer schönen Anekdote deutlich gemacht« – In dem Gespräch mit Truffaut – »Genau dort. Da sitzt einer im Zug, der ein Paket auf den Knien hat, und sein Gegenüber fragt ihn: ›Was ist denn da drin?‹ Und er antwortet. ›Ein MacGuffin.‹ Darauf der erste: ›Und was ist ein MacGuffin?‹ Antwort: ›Der ist gut gegen die Löwen in dieser Gegend‹« – »Ein Apparat, um in den Adirondack-Bergen Löwen zu fangen«, dachte der Redakteur, »so hat Hitchcock das gesagt, und das Paket war außerdem im Gepäcknetz«, doch er ließ den Lektor gewähren, es gab ja auch so etwas wie läßlichen Irrtum – »›Aber in dieser Gegend gibt es doch gar keine Löwen‹, sagt der erste, darauf der andere: ›Nein? Na dann ist es auch kein MacGuffin.‹«

Lächelnd lehnte sich der Lektor zurück, zu herzlich fast lachte der Redakteur kurz auf. Wie ein Verrat kam ihm sein Lachen plötzlich vor, wußte er doch, was dem Lektor offensichtlich unbekannt zu sein schien, daß nämlich ihre Bekannte jegliche Art von absurden Witzen verabscheute. Sich wappnend wartete er auf ihren Zornesausbruch, doch der blieb aus.

Als ob sie die letzten Sätze gar nicht gehört, wie wenn sie Interesse am zweifach ausgeschrittenen Problemkreis gefunden hätte, sagte sie zuerst »Aha!«, dann »So ist das also!«, darauf »Also Hitchcock arbeitet immer mit einem MacGuffin« und schließlich »Und bei ›Psycho‹ – wo ist da der MacGuffin?«

Die beiden Männer, die zu den ersten Sätzen noch bekräftigend mit dem Kopf genickt hatten, blickten einander rasch an. Wieder war die Frau im Irrtum, doch diesmal hatten sie sich an ihr versündigt. Pater, peccavi! An wem war es, sich zuerst Asche auf das Haupt zu streuen?

»Wir haben das alles eben etwas zu vereinfacht dargestellt«, sagte der Redakteur bußfertig. »Hitchcock arbeitet häufig, aber nicht immer mit einem MacGuffin. Eigentlich nur in seinen Agentenfilmen – oder?« Er schaute den Lektor herausfordernd an. Der hatte doch mitgesündigt. Durfte er da das Aschegefäß zurückweisen? Noch einmal stiegen altes

Mißtrauen und abgetaner Zorn im Redakteur auf, das letztemal. Denn eilig griff der Lektor seine Frage auf: »Richtig. ›Psycho‹ ist ja ein Psycho-Thriller, wie der Titel schon sagt. Und der braucht natürlich keinen Mac-Guffin, da sorgt ja bereits die Psycho-Dynamik dafür, daß die Handlung in Gang kommt und am Laufen bleibt. Das Tun des Wahnsinnigen und das, was er den Unschuldigen antut, braucht den Zuschauern nicht erklärt zu werden, denen genügt als Motiv für sein wahnsinniges Handeln die Tatsache, daß er eben wahnsinnig ist.«

Genug der Reue! Die Frau hatte sie, die Männer, bei einer fahrlässigen Irreführung ertappt, sie hatten Abbitte geleistet, der Redakteur nickte dem Lektor bekräftigend zu, gemeinsam schauten sie die Frau an, sie, die sie mit vereinter Kraft nicht nur aus ihrem Irrtum errettet, sondern sogar in den Stand gesetzt hatten, sie, die Männer, ihrerseits des Irrtums zu überführen – nun lächelten die beiden der Dritten im Bunde der Wahrheit zu – »Es ist mehr Freude im Himmel über einen Sünder, der Buße tut, als über neunundneunzig Gerechte« –, und doch hatten sie sich wohl niemals zuvor in einem schwärzeren Irrtum befunden als gerade in diesem Augenblick.

Denn erstaunt beugte sich die Frau vor und erklärte den noch Erstaunteren, das mit dem MacGuffin habe sie schon begriffen, keine Sorge, und natürlich gebe es auch in ›Psycho‹ einen, diese, seine, ausgestopfte Frau nämlich, die der Gregory Peck da immer mit sich rumschleppe.

So viele Hände, Hirne und Münder hatten die beiden Männer gar nicht, um sich der Springflut der Irrtümer zu erwehren, die da über sie hereinbrach. Also diese ausgestopfte Frau sei selbstredend nicht die Frau des Wahnsinnigen, sondern dessen Mutter, und die schleppe er auch nicht dauernd herum, sondern lediglich in einer kurzen Einstellung, mit einem MacGuffin jedoch habe sie nicht das geringste zu tun, eben weil sie einen sichtbaren, unverzichtbaren und nicht austauschbaren Teil der Handlung sowie der Geschichte des Wahnsinnigen darstelle, und letzterer schließlich sei natürlich nicht von Gregory Peck, sondern von Anthony Perkins gespielt worden.

Die Frau, die den gesamten Wortschwall ohne erkennbare Gemütsbewegung über sich hatte ergehen lassen, fuhr bei den letzten Worten auf: »Natürlich war das Gregory Peck!«

»Ach woher denn!«

»Jede Wette! Das war Gregory Peck!«

»Vollkommener Unfug! Gregory Peck hat in zwei ganz anderen Hitchcock-Filmen mitgespielt, in ›Suspicion‹ und in … in …«

»In ›The Paradine Case‹«, ergänzte der Lektor.

»Genau! Aber doch nicht in ›Psycho‹!«

Die Frau blickte von einem Mann zum anderen. Noch schien sie es nicht glauben zu können, daß sie zwei derart gleichgesinnten, zwei so gleichermaßen unerbittlichen Richtern gegenübersaß. »Komm, Ralf«, sagte sie fast einschmeichelnd, »das war doch Gregory Peck!«

»In ›The Paradine Case‹, ja.«

»Nein. In ›Psycho‹!«

Ein allerletzter Scheideweg, und doch wußte der Redakteur bereits im voraus, wer sich von wem trennen würde. Da stand immer noch die Reisetasche des Lektors. Na und? Der letzte Zug war nun mit Sicherheit abgefahren. Na, und wenn schon. Gelassen lehnte er sich zurück und schenkte sein Glas voll.

»Nein«, sagte der Lektor, »du irrst. In ›Psycho‹, das war Anthony Perkins.«

Das voraussehbare Scheiden vollzog sich rasch und nach Lage der Dinge bemerkenswert ruhig. Die Frau erklärte, sie habe ja nichts dagegen, sich von Leuten, die offenbar alles besser wüßten, einen Abend lang belehren zu lassen, sie räume ihnen jedoch nicht das Recht ein, sie für dumm zu verkaufen. Das mit dem MacGuffin sei eine Sache, darüber lasse sich streiten, das in ›Psycho‹ aber sei eindeutig Gregory Peck gewesen. Nach einigen nun bereits recht halbherzigen Einwänden – nicht einmal ein Heiliger könnte eine Seele erretten, die das im Grunde ihres Herzens gar nicht will – und nach einigen rituellen Aufbruchs- und Absetzbewegungen – »Ich muß morgen früh raus … Weißt du schon, wo du unterkommst, Ralf? Sieht man sich mal?« – trennten sich die Wege, nachdem die Männer der Frau noch bedeutet hatten, sie würden ihre Rechnung gerne übernehmen.

»Lieb von euch, aber ich zahle an der Theke. Tschüs, Ralf. Tschüs, du!«

»Tschüs.«

»Tschüs.«

So ging sie hin, verstockt, auf der breiten Prachtstraße des Irrtums, während sich die Männer allein wiederfanden, alleingelassen auf jenem schmalen, steinigen Weg zum Licht und zur Wahrheit.

»Wie heißt du eigentlich?« fragte der Lektor. »Ich habe deinen Namen vorhin nicht richtig mitbekommen.«

»Gerhard.«

»Zum Wohl, Gerhard.«

»Prost, Ralf.«

Da das Kupfergefäß schon wieder leer war, mußte zunächst die Frage geklärt werden, ob noch Wein bestellt werden sollte – »Positiv!« – und wieviel – »Noch einen halben Liter?« »Gut, noch einen!« – und dann war die Leere zu füllen, die der Weggang der Frau hinterlassen hatte. Die Männer taten auch dies zielstrebig und welterfahren, ein, zwei Worte zur Frau noch, ebenso unverbindlich wie abschließend, kein Wort mehr über Hitchcock, der hätte sie möglicherweise doch nochmals auf die Frau zurückgebracht, statt dessen ein fast spielerisches Abklopfen von Studiengängen, Ausbildungswegen und Arbeitssituationen. Erwartungsgemäß förderte diese Fühlungnahme rasch auch die ersten gemeinsamen Bekannten zutage und das Erstaunen darüber, wie klein doch die Welt sei, jenes innige Wohlbehagen derer also, die einander aufgrund untrüglicher, wenn auch unsichtbarer Insignien als Mitglieder eines weitverzweigten Ordens erkennen – aber nein, dieses Erkennen hatte ja bereits lange zuvor stattgefunden, nun wurde die Erkenntnis bestätigt und vertieft, durch gezielt beiläufig ins Gespräch eingestreute Schlüsselnamen und Losungswörter – »Ja, wenn du den frühen Barthes meinst, den der ›Mythen des Alltags‹« oder »Klar, Bataille ist ein Fall für sich« –, als sich der Lektor plötzlich räusperte und nach einem einleitenden »Ist eigentlich nicht so wichtig« erst zögernd, dann aber bestimmt fortfuhr: »Ich wollte es eigentlich schon vorhin sagen, aber da ging gerade alles etwas durcheinander: Der in ›Suspicion‹ war nicht Gregory Peck, sondern Cary Grant. Gregory Peck war in ›Spellbound‹.« Betroffen erst, dann bewundernd erkannte der Redakteur, wer ihm da gegenübersaß – ein Größerer. Einer, der aber auch gar nichts durchgehen ließ.

»Stimmt«, sagte er, »›Spellbound‹. Natürlich.«

Es war spät, als sie das Lokal verließen, und es war klar, was jetzt kommen mußte. Auf seine Reisetasche blickend sagte der Lektor, daß er sich jetzt wohl noch ein Hotel suchen müsse, eigentlich habe er ja geglaubt, bei der Frau übernachten zu können, aber Elke – er breitete die Arme aus.

»Du kannst bei uns übernachten«, sagte der Redakteur. »Wir haben Platz genug, und meine Frau ist dran gewöhnt, daß ich hin und wieder noch wen mitbringe.«

Gnadenlos schön
(Freie Fassung)

Wenn schöne Frauen morgens sich erheben,
Nicht ahnend, worein abends sich verwandeln,
Doch wissend, daß nur selbstverliebtes Handeln
Aus Hiersein Dasein macht, aus Dasein Leben,

Da doch nur die befähigt ist, zu geben,
Die es gewagt hat, alles sich zu nehmen,
In tausend Masken, ohne sich zu schämen,
Aus tausend Herzen, ohne je zu beben –

So gehn sie in den Tag. Mit harten Schritten,
Daß unter ihrer starken Füße Tritten
Der Krumme grade wird, der Schiefe eben,

Der Weiche fest. Vergeblich alle Bitten
Um Gnade: Nur wer solchen Tag durchlitten
Darf nachts in ihren Armen steil entschweben.

Liebe Else, lieber Peter
Ein Beitrag zur neuen Innerlichkeit

Du altes Arschloch, verschon mich bloß mit Deinen Ergüssen, sonst passiert noch was.

Dein letzter Brief klang etwas kühl, liebe Else, doch nun, nachdem ich ihn mehrmals durchgelesen habe, ist mir aufgefallen, daß Du mich nicht mehr »dreckiges«, sondern »altes« Arschloch nennst. Weshalb? Weil Du in mir unbewußt den »Alten«, d. h. Deinen Vater siehst, den Mann also, dem Du Dich zwar nicht hingeben, in dessen Gegenwart Du jedoch immer Kind bleiben kannst. Else, ich bin nicht Dein Vater, ich bin Dein Peter, und je eher Du diese Tatsache akzeptierst, desto eher wirst Du auch begreifen, daß Du kein Kind mehr bist, sondern ein erwachsener Mensch, der freilich …

Wenn ich noch mal so einen verwichsten Brief von Dir bekomme, trete ich Dir derart in die Eier, daß Du Dich selber nicht mehr kennst.

Else, Dein letzter Brief hat mich sehr froh gemacht. Du nennst meinen Brief, auf den Du Dich in Deinem Brief beziehst, »verwichst«. Ja, er war verwichst – in dem Sinne, daß er Dir helfen soll, daß Du wächst, innerlich, daß Du lernst, Dich zu Dir selbst und Deinen Gefühlen zu mir zu bekennen. Ich umarme Dich und …

Du und Deine Gefühle sind mir kackpipischnurz. Von mir aus kannst Du Dich ins Knie ficken, nur hör endlich auf, mich mit Deinem Wischiwaschi zu belämmern.

32

Else, wann wirst Du es endlich lernen, Dich klar auszudrücken? »Kack-pipischnurz« – das mußtest Du sagen, da Deine – unsere – Sozialisation es Dir – uns – nicht erlaubt, angstfrei zu Deinen – unseren – Gefühlen zu stehen. Mit Brechungen und Ironien versuchen wir, unsere Triebwelt zu kanalisieren, anstatt uns zu unseren Bedürfnissen zu bekennen. Stutzig machte mich freilich Deine Formulierung »belämmern«. Wenn Du in mir, unbewußt, Deinen Vater siehst, hättest Du eigentlich »behammeln« schreiben müssen. Oder willst Du mich jetzt ins Kindchenschema drängen? Das, Else, wäre nur eine andere Form der Vermeidung, Dich zu mir zu bekennen. Ich bin weder Dein Vater noch Dein Kind, ich bin Dein Peter, der …

Halt bloß den Rand, blöder Scheich. Saubären wie Dich sollte man einzeln in ihrer Scheiße ersaufen lassen.

Else, endlich! Endlich wagst Du es, einige der Aggressionen gegen mich rauszulassen, die sich notwendigerweise in Dir im Verlaufe unserer Beziehung hatten ansammeln müssen. Je intensiver die nämlich wurde, desto angstbesetzter mußte sie für Dich werden, da sie den Kontext Deines gewohnten Lebens zu zerstören drohte. Aber das Alte muß erst zerstört werden, damit Neues entstehen kann. Darum bekenne Dich ruhig zu Deiner Angst, zu Deinen Aggressionen! Doch etwas anderes – Du sprichst von »ersaufen«, und ein Freund hat mir gerade aus Griechenland einen erstklassigen Retsina mitgebracht. Wollen wir nicht Deine Probleme bei mir und einem oder zwei Gläschen …

Deinen Retsina kannst Du Dir achtkantig in den Arsch rammen. Ich muß schon kotzen, wenn ich solche bescheuerten Anträge nur lese. Noch so eine beknackte Zumutung, und Du kannst was erleben.

Liebes, Du mißverstehst mich. »Erleben«, schreibst Du – als ob ich in Dir ein flüchtiges »Abenteuer« sehen würde. Freilich – ich bin in dem

Sinne möglicherweise altmodisch, daß ich mir eine Paarbeziehung nicht ohne körperlichen Partnerbezug vorstellen kann, wobei allerdings die Zärtlichkeit immer im Vordergrund stehen sollte. Liebe – das ist nicht nur Sex, sondern viel, viel mehr, und Du würdest an meiner Seite rasch lernen …

Wenn Du wüßtest, wie Du mich anödest, dann würdest Du Dir endlich einen Knoten in Deinen Schwanz machen, anstatt weiterhin Frauen wie mich mit Deinen Schmierereien zu behelligen.

Ja, Else, Du bist auf dem richtigen Weg. Dein Frausein beschäftigt dich. Noch wagst Du es nicht, »eine Frau wie ich« zu sagen, noch verbirgst Du dich hinter dem schützenden Plural »Frauen wie mich«, doch der Schritt zum – auch – geschlechtsbetonten »Ich« ist getan, und nur dieser identitätsbildende Schritt kann jenen zweiten ebenso wichtigen nach sich ziehen, den zum Du, der …

Zum allerletzten Mal: verpiß Dich!

»Verpiß Dich«, schreibst Du mit jener heiteren Unbefangenheit, die seit jeher das Vorrecht der Jugend war. Wie ich Dich verstehe! Als wir 68 auf die Straße gingen, da taten wir es auch und gerade, um Menschen wie Dir die Möglichkeit zu geben, autonom und selbstverantwortlich ihre Interessen wahrzunehmen, nicht nur auf ökonomischem und politischem Gebiet, sondern auch auf dem der ureigensten Gefühle. Denn glaub mir, es gibt in unserer Gesellschaft kein »Privatleben«, alles Private ist zugleich …

Sag mal, wann findest Du Kackspecht endlich jemanden, der Dich durchzieht, daß die Heide weint, damit Du ein für alle Mal aufhörst, Deine beschissene Schwanzgeilheit an mir auszulassen.

34

Else, am Ende Deines sehr aufrichtigen und lieben Briefes sagst Du etwas, das mir zeigte, daß bei allen zwischen uns notwendigerweise noch bestehenden Differenzen – die geschlechtsspezifischen Rollenschemata etwa – doch ein grundlegender Konsens durchschimmert. Da sagst Du nämlich, daß »die Heide weint«. Else, seit Jahren verfolge ich die Zerstörung unserer Umwelt mit Sorge. Schon hat das Verschwinden größerer Feuchtzonen ehemalige Vögelparadiese unwiederbringlich ausgelöscht, schon – aber beim Durchlesen der eben geschriebenen Zeilen fällt mir der Freudsche Verschreiber »Vögelparadiese« (statt »Vogelparadiese«) auf. Else, sieh diesen Lapsus nicht als gegen Dich gerichtete obszöne Aggression, sondern als legitimes, ja belustigendes Ans-Licht-Treten jener Triebstrukturen, die nun mal unser – auch Dein? – Menschsein ausmachen und die Du möglicherweise verleugnen, nicht jedoch …

Dreckiges Arschloch! Wenn Du mich nicht umgehend in Ruhe läßt, werde ich Dir mal in echt meine Meinung blasen.

Dein letzter Brief klang zurückhaltender als sonst, doch nach mehrmaliger Lektüre fiel mir auf, daß Du mich nicht mehr »altes«, sondern »dreckiges« Arschloch nennst. Das machte mich sehr froh. Nicht mehr den vermeintlichen Vater lehnst Du, unbewußt, in meiner Person ab, nun identifizierst Du mich in einer ebenso logischen wie leicht erklärbaren Regression mit dem, was unsere christlich-puritanische Kultur seit jeher in der – zumal körperlichen – Liebe sah: mit dem Schmutz. Else, ich bin aber nicht schmutzig, ich bin Dein Putzi, und je eher Du das begreifst …

Begegnung

Sie: Hallo!

Er: Verzeiht, ich kenn' Sie nicht!
Sie: Sie waren doch der Mann, der …
Er: Der was? Sie sind mir fremd!
Sie: Wir schliefen miteinander!

Er: Verzeiht! Jetzt fällt mir's ein!
Sie: Sagt, waren Sie der Mann, der …
Er: Bei Gott, ich war der Mann!
Sie: Wir schliefen miteinander?

Er: Verzeiht – was zweifeln Sie?
Sie: Sie waren nicht der Mann, der …
Er: Ach, wie beweis ich's nur?
Sie: Wir schlafen miteinander!

Er: Holla...

Amour fou in der Metzgerei Illing

Da trat die schiere Schönheit in
den Metzgerladen.
Ein Blick auf schiere Schönheit
kann ja wohl nicht schaden:
Also hinsehn.

Da schlug der pure Wahnsinn
den Beschauer.
Er wünschte sich vom
Augenblicke Dauer:
Also hinsein.

Da frug die Chefin schneidend,
was er wolle.
Da bat er stammelnd, daß
sie das entscheiden solle:
Also Eisbein.

Nachdem wir die alte Sinnlichkeit glücklich zu Grabe getragen hatten, hätte Ruhe im Karton sein können. Dafür, daß es anders kam, sorgte jedoch

Die Neue Sinnlichkeit

Wer, wie ich, längere Zeit in unseren Kreisen gelebt hat, den erstaunt so leicht nichts mehr. Trotzdem schwang Verwunderung in meiner Stimme mit, als ich, die samstägliche Frühstückspost musternd, folgende, an Ingrid und mich gerichtete Einladung vorfand: »Salaam! Da uns bekannt ist, daß du/ihr schnelle Pferde und schöne Knaben/Frauen liebt, erlauben wir uns, dich/euch am Samstag den 13. zu einer Bauchtanz-Fete einzuladen. Stargast: Alischa. Oriental. Küche. Bringt massenhaft Getränke mit. Aleikum! Die drei Annas.«
Ich blickte auf.
»Begreifst du, was das soll?«
»Das wird das alljährliche Anna-Fest sein«, sagte meine Frau und unterbrach ihren Versuch, eine Erdbeere zu schälen. »Zeig doch mal!«
Nun weiß ich selber, daß die drei Annas den dürren Fakt, daß sie alle drei Anna heißen, alljährlich zum Anlaß eines rauschenden Anna-Festes nehmen; was mich verwirrte, war der unverkennbar orientalische Einschlag, der sich durch die Einladung zog:
»Ist da ein Kostümfest geplant?«
»Soweit mir bekannt ist – nein«, entgegnete Ingrid.
»Irgendwas zugunsten der PLO?«
Sie schüttelte den Kopf.
»Und was bedeutet dann das Wort ›Bauchtanz-Fete‹?«
»Daß bei der Fete Bauchtanz zu sehen sein wird.«
»Höre ich recht: Bauchtanz?«
»Ja doch, Bauchtanz«, sagte Ingrid fast unwirsch und nahm ihren Ver-

such, die Erdbeere zu schälen, wieder auf – weil doch die taz gerade
wieder vor einer verdammt hohen Caesium-Konzentration in diesen
beschissenen Erdbeerschalen gewarnt habe, wie sie erläuternd hinzu-
fluchte.

»Du meinst – so Jux-Bauchtanz?« unterbrach ich sie hoffnungsvoll und
stimmte ein, wie ich fand, keineswegs diskriminierendes, orientalische
Melismen vielmehr durchaus solidarisch parodierendes nasales Geheul
an, zu dem ich mit den Händen wedelte und ansatzweise die Hüften
schwang: »Eine Nacht im Harem –, und alle kommen in Bademänteln –
etwas in der Richtung?«

Ein abschätziger Blick Ingrids brachte mich jäh zum Verstummen. »Der
Bauchtanz«, sagte sie kühl, »ist keine getanzte Anmache, wie du zu vermuten scheinst, ja, er ist nicht einmal ein Tanz in unserem europäischen
Sinne. Er ist mehr als das. Er ist etwas Wildes und Stolzes, Inbegriff und
Beweis der Würde und der Kraft der orientalischen Frau.« Sie machte
eine unheilschwangere Pause, bevor sie fortfuhr: »Und nicht nur der
orientalischen …«

Da endlich begriff ich, daß mir wieder harte Zeiten bevorstanden.

So weit ich zurückdenken kann, hat die Dialektik zwischen Kopf und
Bauch unsere Kreise wie kaum ein anderes Thema bewegt und in Atem
gehalten. Nicht immer war es mir leichtgefallen, auf dem laufenden zu
bleiben – da genügte ja bereits ein kurzer Auslandsaufenthalt, und schon
hatte man, zurückgekehrt, einen entscheidenden Lernprozeß verpaßt,
rühmte man noch, zum Beispiel, bewußtlos die systemsprengende Kraft
der Pornographie, während doch den betreten sich abwendenden anderen gerade in der Zwischenzeit bewußt geworden war, daß die Pornographie den Menschen leider auf einige wenige fetischisierte Körper-
funktionen reduziere, also essentiell nicht von dem sich unterscheide,
was der Spätkapitalismus im Interesse der Profitmaximierung dem von
seinen Möglichkeiten her auf Totalität hin intendierten Menschen in allen anderen Lebensbereichen auch antue – doch abgesehen von solchen,
stets schnell aufgeholten Verspätungen hatte ich kopf-bauchmäßig so

ziemlich alle Thesen, Antithesen und Synthesen mit- und nachvollzogen, bis in so verzweifelte Sackgassen wie die, daß just zur selben Zeit, als wir Männer endgültig von der tradierten Vorstellung der Frau als Sex-Objekt, das es mit Blicken auszuziehen gelte, uns verabschiedeten, die Frauen immer entblößter in Parks und an Baggerseen sich räkelten, was in mir immer häufiger den Wunsch weckte, sie mit Blicken anziehen zu können, dann immer jedenfalls, wenn ich trotz bester Absichten meine Blicke doch nicht völlig von den wippenden sekundären Geschlechtsmerkmalen meiner Gesprächspartnerinnen wenden konnte, die, beispielsweise die ständig rigideren Überwachungsmaßnahmen des Staates beklagend, immer erstaunter meinem Kommentar lauschten: Wenn der Innenminister sich damit brüste, daß er Horchwarzen einsetze, dann solle er doch titte sehr auch gleich das Grundgesetz der Busenrepublik abschaffen.

Doch das blieben Ausrutscher. Aufgrund häufiger Park- und Baggerseeaufenthalte und dank zielstrebig betriebener Konditionierung war es mir gelungen, mit den rosigsten Frauen locker über die dunkelsten Themen zu diskutieren, beispielsweise über »Global 2000«, bei der »Global 2000«-Lektüre dann freilich – aber ich begebe mich unter mein Niveau. Jedenfalls hatten wir, die Frauen und Männer unserer Kreise, mit den Jahren zu einem erfreulich entspannten, nicht mehr durch Penetranz- und Dominanzbestrebungen vergifteten, vielmehr auf gegenseitigen Respekt sich gründenden Umgang miteinander gefunden, als dieses ebenso delikate wie dröge Gleichgewicht plötzlich ins Wanken geriet.

Schuldzuweisungen sind so eine Sache, ich weiß, doch eines möchte ich an dieser Stelle denn doch sagen dürfen: »Wir warn's nicht« – wobei ich mit »wir« diejenigen Männer unserer Kreise meine, die sich plusminus in meinem Alter, »unserem Alter« also, befanden. In vielfältigste Selbst-, Sinn- und Geldfindungsprozesse verstrickt, schenkten wir den um uns sich mehrenden hochhackigen Schuhen, Seidenstrümpfen, durchbrochenen Unterhemden und ähnlichen längst entlarvten Reizmitteln einer Zeit, da die patriarchalische Gesellschaft der Frau keine andere Wahl ließ, als die, größtmöglichen Vorteil aus der ihr zudiktierten, natürlich auf Männerphantasien sich gründenden Weibchenrolle zu ziehen, um so – kurz und gut: Wir schauten lediglich zerstreut auf, wenn die Frauen unserer Kreise immer häufiger derart gewandet in die Zimmer traten, und auch das allgemeine Geschwärme und Gestampfe, mit dem unsere Damenwelt Sauras »Carmen«-Film begleitete, hielt ich zumindest für eine jener kurzlebigen, typisch weiblichen Capricen, die auf keinen Fall mit den dialektisch hin und her flutenden Strömungen des Zeitgeistes verwechselt werden durften.

Ein holder Selbstbetrug, den die Einladung zur »Bauchtanz-Fete« jäh zerstörte: Die Frauen machten offensichtlich ernst. Und am Samstag den 13. war es denn auch soweit.

»Soll ich nicht vorsichtshalber doch einen Bademantel anziehen?« fragte ich Ingrid, die gerade in das geschlitzte Schwarze schlüpfte. »Ich meine: Vielleicht ist es doch –«

»Spiel nicht den Scheich, wir gehen zu einer Bauchtanz-Fete«, gab Ingrid kühl zurück. »Kannst du mal den Reißverschluß zumachen?«

»Gerne. Wo?«

»An deinen Jeans.«

»Oh! Tatsache.«

Doch noch bis zu dem Moment, an welchem es tatsächlich stattfand, wollte ich nicht glauben, was ich dann mit eigenen Augen sah: Zu den Klängen einer unverwechselbar arabischen Musik tanzte eine unverkennbar halbnackte Frau, angefeuert von unheimlich progressiven Geschlechtsgenossinnen, einen unbestreitbaren Bauchtanz, der in uns, den unverwandt hinblickenden Männern, unvermutet ungute Gefühle auslöste. Oder hätten wir uns sonst einer nach dem anderen auf eben jener Terrasse eingefunden, von der aus man zwar noch einen Blick auf das Bauchtanzgeschehen werfen, nicht aber darein verwickelt werden konnte?

Holger und ich waren die ersten, die diesen rettenden Port aufsuchten.

»Sag mal – hat dich das irgendwie angemacht?« fragte er und entkorkte
eine Flasche »Dürkheimer-Riesling«.
»Angemacht? Was denn?« fragte ich erstaunt zurück und reichte ihm
meinen Plastikbecher.
»Na, diese Hüft- und Busengeschichten, also wenn die Alischa da ihren
Bauch so, na so …«, sagte er und schenkte mir ein.
»Sehr ritualisiert, oder?« gab ich zu bedenken. »Zu formelhaft jedenfalls,
um mich auch nur einen Moment lang vergessen zu lassen –«
»Was?« fragte der hinzutretende Hans-Anton und reichte Holger seinen
Plastikbecher.
»Na dingens.«
»Genau«, rief Ulrich, sich zwischen uns drängend, »trink ich auch!«
»Wir problematisieren hier gerade das Tanzen und nicht das Trinken«,

sagte ich empört, wurde aber von Werner unterbrochen, der schwer atmend zu uns stieß und wie gehetzt auf das Bauchtanzgeschehen deutete: »Schau mal, was die da mit Manfred macht!«

»Die da« war Alischa, und Alischa hatte Manfreds Hals fest im Griff eines Spazierstocks, mit dessen Hilfe sie ihn vor den Augen der mitleidlos klatschenden Damenwelt dazu zwang, ihren Bewegungen dahingehend zu folgen, daß er sie, so gut es ging, nachahmte, was beim notorisch hageren Manfred mangels fleischlichen Obens und Untens geradezu zum Lachen war, oder zum Weinen, je nachdem, auf welcher Seite der Barrikade man stand. Auf jeden Fall fanden in jenen peinigenden Minuten auf jener Terrasse jene klärenden Gespräche statt, die es uns Männern erlaubten, uns unvermutet dorthin zu setzen, wohin wir von Natur aus hingehörten: an die Spitze der Bewegung.

Denn als die Frauen nach beendetem Bauchtanz auf die Terrasse strömten und uns mit unverhohlenem Spott zu verstehen gaben, diese unverstellte Demonstration weiblichen Körperstolzes und femininer Geschlechtswildheit habe uns, die kopflastigen Herren der Schöpfung – »Und vor fünf Jahren galten wir noch als schwanzfixiert!« maulte Holger, doch gottlob hörte niemand auf ihn –, Alischas so beredte Körpersprache also habe uns offenbar sprachlos gemacht, da war es an mir, die delirierenden Damen dahingehend zu verwarnen, sie sollten den heutigen Tag nicht vor dem nächsten Tanzabend loben, an welchem nämlich wir – ich deutete auf die erstaunlich gefaßt dreinblickende Männerrunde – eine Demonstration männlicher Körperwildheit und maskulinen Geschlechtsstolzes vorzuführen gedächten, die auch ohne die der Damenwelt offenbar unverzichtbaren hispaniolischen oder orientalischen Anleihen –

»Wann?« schrien die Frauen auf.

»In einer Woche!« brüllte ich unbedacht zurück.

Mittlerweile sind die Einladungen bereits verschickt, wir aber proben noch immer wie die Henker. Und immer noch steht in den Sternen, ob wir den gemeinsamen Schuhplattler bis zum nächsten Wochenende

packen werden. Denn, um es mit den Worten unseres Trainers Sepp Birblöser zu sagen: »D'Krprwuildheit hobts scho schö spontan einibroacht, doch eier maskuliner Geschlechtsstolz wird so lange aufisetzt und net von innen heraus authentisch wuirken, solange noch ihr eich und net ES eich aufn Oarsch haut. Derzwingts net, des Schloagn! Loßts den Kopf außi! Loßts kimma, des Schloagn, loßts fluten!«
Aber ob ES das noch bis zum Samstag schafft?
Ich heiße mich hoffen: Holladriöh!

Unverzeihlich

Das würde ich einer Frau nie verzeihen,
wenn die so aussehn würde, wie ich aussehʾ.
Mehr Fett als Fleisch, wenn Sie verstehen, was ich meine,
und dann dieses Fett auch noch voller Dellen.

Woher dieser Langmut der Frauen mit mir?
Soll man den loben? Ihn tadeln? Sie schelten?
Nun kommʾ Sie mir bloß nicht mit inneren Werten!
Die kann man doch weder sehen noch anfassen!

Mich kann man sehen. Mich kann man anfassen.
Ich findʾ aber beides nicht so sehr lustig.
Gesegnet die Frauen, die anders denken,
sofern sie auch deutlich anders aussehn.

Geschichte ist kein Lehrbuch,
Geschichte ist ein Sumpf

Sumer-Couplet

Ich fühl mich heut so unerhört sumerisch.
Ich hoffe, Sie verstehen, was ich mein'.
Denn Unverständnis macht mich nur cholerisch,
drum rate ich verständnisvoll zu sein:

Schaun Sie mich doch mal an!
Was sehn Sie? Einen Mann,
der schweigend in die Gegend starrt
und ruhig der Erleuchtung harrt.
Wie nennt man dies Gefühl?
Wie heißt denn dieser Stil?
Ich horche kurz mal in mich rein
und schon bin ich am Ziel:

Ich fühl mich heut so rasend statuarisch.
Ich denke, Sie begreifen meinen Point.
Ich sage das so deutlich wie summarisch –
wer meinen Point nicht rafft, ist nicht mein Freund!

Schaun Sie mich bitte an!
Dann sehn Sie einen Mann,
die beiden Hände fest verschränkt,
so steht er da und starrt und denkt.
Woher kenn' ich dies Stehn?
Wo hab ichs schon gesehn?
Ich glaube, etwas Wunderbares
ist mit mir geschehn:

Ich fühl mich heut' so absolut archaisch!
Ich wünsche, daß man diesen Satz begreift.
Wenn nein, dann sage ich mal sehr prosaisch:
Als Mensch sind Sie noch nicht ganz ausgereift!

Denn schauten Sie mich an,
Sie sähen einen Mann,
der steinern aus der Wäsche schaut
und eisern dem Gefühl vertraut,
das ihm so sehr behagt,
weils in ihm zwickt und nagt,
ein feines Stimmchen, das ihm doch
unmißverständlich sagt:

Ich fühl mich heut so irrsinnig sumerisch,
so königlich, so priesterlich, so kühl.
So herrscherlich, so stark, so unhysterisch –
es ist ein megageiles Hochgefühl!

Kommt, fühlt euch heute alle mal sumerisch!
Verschränkt die Hände und starrt vor euch hin!
So lange, bis euch dämmert: Ja, so wär isch,
gern, wenn isch nicht so wäre, wie isch bin.

Ach fühln wir uns doch alle mal sumerisch!
Wer nicht sumerisch fühlt, der kann uns mal!
Denn wenn ichs richtig seh, sind wir numerisch
in diesem Saal schon in der Überzahl!

Und jetzt alle!

WIR FÜHL'N UNS HEUTE UNERHÖRT SUMERISCH!
WER NICHT SUMERISCH FÜHLT, DER KANN UNS MAL
DEN BUCKEL RUNTERRUTSCHEN! DENN NUMERISCH
SIND WIR SUMERER IN DER ÜBERZAHL!
JAWOLL!
UND WER NICHT MIT UNS FÜHLT, DER KANN UNS MAL!
NA KLAR!
DIE NICHTSUMERER FLIEGEN AUS DEM SAAL!
BESTIMMT!
DENN WIR SUMERER SIND NUN MAL
AUF JEDEN FALL
IN DIESEM SAAL
IN DER ÜBERZAHL.

Freund der Geschichte in Rom

Geschichte ist kein Lehrbuch,
Geschichte ist ein Sumpf.
Wer immer den durchmessen wollt',
dem wurd' der Maßstab stumpf,
dem wurd' der Maßstab rostig
am ausgestreckten Arm,
die feuchten Finger frostig,
indes der Kopf noch warm.
Nicht lange! Und auch ihn verschlingt
ganz bodenlose Kühle:
Für den, der sich vertiefen will,
das höchste der Gefühle.

Couplet von der Erblast

*»Die Kirche muß endlich jene frauenfeindlichen Erblasten auf-
arbeiten, die durch spätantike Männerkreise in die ursprünglich
frauenfreundliche Botschaft Jesu hineingetragen worden sind.«*
Aus einer Sendung des Kirchenfunks

Spätantike Männerkreise
Haben Jesu Wort verbogen
Haben seine frohe Botschaft
Korrumpiert und umgelogen
Korrigierten Evangelien
Kujonierten die Gemeinden
Überließen Führungsposten
Unverstellten Frauenfeinden
Herr, wer ritt uns in die Scheiße?
Spätantike Männerkreise!

Spätantike Männerkreise
Eure Stunde hat geschlagen
In der Kirche haben Chauvis
Gottseidank nichts mehr zu sagen
Mußte in der Spätantike
Alles um euch Männer kreisen
Wirft man eure Erblast heute
Hohnlachend zum alten Eisen
Und wer spuckt euch in die Suppen?
Postmoderne Frauengruppen!

Der betrogene Betrüger

Noch heute wird den Besuchern der Wartburg ein Tintenfleck in der Studierstube Martin Luthers gezeigt und dazu jene bekannte Geschichte erzählt, nach der der Teufel Luther bei dessen Bibelübersetzung stören wollte und ihn deshalb »versuchte« – wobei die Art der »Versuchung« merkwürdigerweise nie näher beschrieben wird. Daraufhin, so endet die herkömmliche Version, habe Luther vor lauter Wut sein Tintenfaß ergriffen und nach dem Teufel geschleudert, so sei der bis auf unsere Tage erhaltene Fleck entstanden.

Eine ebenso schöne wie unwahre Geschichte. Denn neuere Dokumentenfunde, eine von Luther unterzeichnete Quittung über einen Kasten Bier z. B., lassen einen völlig anderen Hergang vermuten.

Am 1. Mai 1521 hatte Luther seine Studierstube in der Wartburg bezogen, um in Ruhe und Sicherheit an seiner Bibelübersetzung zu arbeiten, doch schon nach wenigen Tagen hatte er unter den Klagen des gewissenhaften Schloßkastellans und dessen Ehefrau zu leiden, die sich gemeinsam ständig über die Unordnung in Luthers Zimmer und die Nachlässigkeit des Reformators beklagten. Erst wenn wir das wissen, können wir die weiteren Ereignisse verstehen.

Es war tatsächlich der Teufel, der in der Nacht vom 12. auf den 13. 8. 1521 Luthers Studierstube betrat, um einen geradezu teuflischen Plan in die Tat umzusetzen.

»Man behauptet, du seist treffsicher«, sagte er listig zu dem Reformator, der immer noch über dem Satz »Im Anfang schuf Gott« brütete. »Bin ich auch«, entgegnete er, froh über etwas Ablenkung.

»Würdest du mit – sagen wir mal – mit diesem Tintenfaß die Fliege da hinten auf der Wand treffen?« fragte der Teufel.

»Allemal!«

»Glaub ich nicht.«

»Wetten?«

»Um einen Kasten Bier oder um dein Seelenheil?« wollte der Belzebub, der seinen Plan gelingen sah, wissen.

»Bier«, sagte Luther, griff nach dem Tintenfaß und schleuderte es gegen die Wand. Unverletzt summte die Fliege davon.

»Morgen hole ich das Bier ab«, sagte der Teufel grinsend und verschwand.

Am nächsten Tag aber ereignete sich genau das, was der Böse beabsichtigt hatte. Die Frau des Kastellans entdeckte den Fleck, als sie Luther das Frühstück brachte, alarmierte ihren Mann, und der glaubte nun endlich eine Handhabe gegen den ungebetenen Gast zu besitzen. So gehe das ja nicht, brüllte er den Reformator vor versammelter Mannschaft an, die Wand sei gerade erst renoviert worden, am Ersten könne Luther seinen Koffer packen, seine Übersetzung solle er sich an den Hut stecken, er werde jedenfalls nie wieder an Reformatoren vermieten …

Woraufhin Luther, der nun endlich den Zweck der Teufelswette – die Unterbrechung wenn nicht Verhinderung seiner Übersetzung – begriff, das sattsam bekannte Märchen, das bis heute erzählt wird, auftischte. Grollend gab sich der Kastellan mit dieser Version zufrieden, erklärte aber, daß Luther den Fleck auf eigene Kosten zu entfernen habe, was der zerstreute Reformator jedoch prompt vergaß. Der Teufel aber, der als betrogener Betrüger am nächsten Abend sein Bier abholte, hat sich von diesem Schlag bis heute nicht erholt; die Bibelübersetzung konnte – dank einer Notlüge – fertiggestellt werden, und der christliche Glaube ist heute gefestigter und einiger denn je.

Die Großmut des Mächtigen

Eine Szene aus dem Dreißigjährigen Krieg

Auf der hell erleuchteten Bühne ist ein Zeltlager aufgebaut. Das Zelt Gustav Adolfs ist größer als die anderen, an seiner Spitze weht die schwedische Fahne. Zur Linken drei Landsknechte, die beim Essen einer Marketenderin zuschauen, die sich entkleidet. Vor dem Zelt Gustav Adolfs zwei Wachen, die während der folgenden Szene auf und ab gehen. Das hat sehr exakt zu geschehen. Die Marketenderin, mit dem Rücken zum Publikum, zieht ein Jäckchen aus. Der Boden ist schon mit vielen Kleidungsstücken bedeckt.

1. LANDSKNECHT: Da ist ja noch was drunter!

2. LANDSKNECHT: Die hat eine Menge an, bei Gott!

3. LANDSKNECHT: Wie lange geht denn das schon?

Von links kommt ein vierter Landsknecht.

4. LANDSKNECHT: Zieht die sich aus?

2. LANDSKNECHT: Mach doch deine Augen auf!

4. LANDSKNECHT: Bei Gott, das muß ich meinen Leuten sagen.

Schnell ab.

Die Marketenderin zieht einen Schuh aus. Von rechts kommt ein fünfter Landsknecht.

5. LANDSKNECHT: Warum zieht die den Schuh aus?

1. LANDSKNECHT: Strümpfe hat sie auch noch an!

2. LANDSKNECHT: Ich hab' doch gesagt, daß es nicht so schnell geht.

5. LANDSKNECHT: Wenn das noch länger dauert, sage ich meinen Freunden Bescheid, wenn ihr nichts dagegen habt.

Nach rechts ab.

Die Marketenderin zieht einen zweiten Schuh aus. Der erste Landsknecht holt ein Taschenschachspiel aus dem Mantelsack und beginnt, die Figuren einzustecken.

Die Marketenderin zieht einen roten Pullover aus, ein Hemd kommt zum Vorschein. Von links kommt der vierte Landsknecht mit sieben Gefährten.

4. LANDSKNECHT: Hab' ich euch zuviel versprochen? Hier ist was los! Gemurmel, halblaute Zustimmung:

Bei Gott ... Meiner Treu ...

Die Landsknechte setzen sich. Die Marketenderin knöpft das Hemd auf.

1. LANDSKNECHT ZUM DRITTEN: Weiß oder Schwarz?

3. LANDSKNECHT ZUM ZWEITEN: Sagt mir Bescheid, wenn es soweit ist.

Zum ersten gewandt: Weiß.

Von hinten kommt ein sechster Landsknecht.

6. LANDSKNECHT: Sapperment, die hat Feuer im Leib. Das muß ich meinem Hauptmann berichten! *Ab.*

Von rechts kommt der fünfte Landsknecht mit 25 Kameraden.

5. LANDSKNECHT: Na, seht euch das an!

Die Marketenderin zieht das Hemd aus, darunter trägt sie ein Unterhemd.

2. LANDSKNECHT: Hat jemand eine Uhr da?

EINER DER 25: Halb vier.

2. LANDSKNECHT: Ach du liebe Güte, da muß ich ja gehen!

Der sechste Landsknecht erscheint mit seinem Regiment. Es sind die Pappenheimer Reiter in bekannter Tracht.

6. LANDSKNECHT ZUM ZWEITEN: Du gehst schon?

2. LANDSKNECHT: Ich hab' noch was zu tun. Ab.

Die Marketenderin zieht ein Unterhemd aus. Darunter sieht man ein Korsett. Ein siebenter Landsknecht kommt von links.

7. LANDSKNECHT: Hat man so was schon gesehen? Da werden die Brüder Augen machen! *Eilig ab.*

Die Marketenderin hakt das Korsett auf, der weiße Rücken kommt zum Vorschein.

Aus dem Zelt tritt Gustav Adolf.

GUSTAV ADOLF: Könnt ihr denn das nicht woanders machen, Leute?

Vor meinem Zelt geht das doch nicht! Wenn ihr's dahinter macht, soll's mich nicht kümmern!

Hurrarufe, Mützen werden geschwenkt, alle ziehen hinter das Zelt, man sieht sie nicht mehr.

Der siebente Landsknecht erscheint mit den Tiefenbacher Kürassieren.

7. LANDSKNECHT IN ENTSCHULDIGENDEM TON: Eben waren alle noch hier.

Gustav Adolf weist hinter das Zelt. Die Tiefenbacher ziehen ab. Gustav Adolf tritt ins Zelt zurück.

Man hört laute Rufe: Das sind Dinger, das hat sich gelohnt, hast du so was schon gesehen, mein lieber Mann, da hast du was zu knabbern, seht euch das an. Pfeifen, Beifall. Gustav Adolf tritt noch mal aus dem Zelt, lauscht, lächelt, es wird dunkel.

Vorhang.

Fliegengedicht

In dieses Volk hineingeborn –
was hab ich in *dem* Volk verlorn?

In diesem Volk, wo morgens die Getretenen
ihrem Spiegelbild schwören: Schluß mit dem
Stiefellecken, heute müssen Köpfe rollen

Schluß Schluß Schluß

In diesem Volk, wo mittags der Glanz der
frischgeleckten Stiefel all diejenigen blendet,
die sich die Visagen der Treter einprägen wollen

Glanz Glanz Glanz

In diesem Volk, wo abends die randvollen Gläser
die Angst der Köpfe der Getretenen vor dem
Rollen auslöschen sollen

Angst Angst Angst

In diesem Volk bin ich daheim.
So spricht die Fliege auf dem Leim.

Geteiltes Land – gemischte Gefühle

Der Reisende, der soeben den westdeutschen Grenzübergang Herles-
hausen passiert hatte, wußte, daß ihm eine Verwandlung bevorstand.
Er besuchte die DDR nicht das erstemal. Er war darauf vorbereitet, am
DDR-Kontrollpunkt Wartha zum Westler zu werden, doch wie bei den
vorangegangenen Grenzübertritten beobachtete er diesen Vorgang auch
diesmal mit Unbehagen.

Er war nicht gern Westler. Deshalb versuchte er sich darauf hinauszure-
den, daß nicht er zum Westler wurde, sondern daß die anderen ihn dazu
machten. Doch das stimmte nicht. Der Grenzpolizist, der ihn barsch
beschied: »Sie dürfen hier nicht einfach die Spur wechseln, das dürfen
Sie bei Ihnen in der BRD auch nicht«, war keineswegs der Schuldige,
höchstens ein Katalysator. Er setzte einen Prozeß in Gang, auf den der
Besucher gewartet zu haben schien und den er sogleich nach Kräften
unterstützte. »Mit denen kannst du nicht diskutieren«, beruhigte er seine Begleiterin, die das erstemal einreiste und drauf und dran war, sich
über die Tatsache zu erregen, daß es verboten war, von der vollen ersten
auf die halbleere zweite Wartespur zu wechseln. »Du brauchst sie dir
doch bloß anzuschaun, dann weißt du, daß die rationalen Argumenten
nicht zugänglich sind.«

»Sie«, »die« – in Wahrheit machte sich der Reisende selber nach Kräften zum Westler. Vor einer Viertelstunde noch hatte er schneidende Bemerkungen über die Kaputtsanierung bundesrepublikanischer Dörfer
und den sinnwidrigen Aufwand von Umgehungs- und Schnellstraßen
gemacht, nun kommentierte er das erste DDR-Schlagloch mit dem Hinweis: »In den letzten zwei Jahren sind die hier aber auch kein Stück wei-
tergekommen.«

Die hier kontrollierten derweil seine auf dem Zollbegleitzettel angegebenen Schallplatten und Bücher. Der Besucher kramte sie eilfertig hervor, gab eifrige Hinweise zur ganz harmlosen, ganz und gar unpolitischen Art der Kulturgüter, ja er belachte sogar lauthals die bei Licht besehen nicht allzu witzige Bemerkung des Grenzbeamten, der angesichts eines Aktbildes von Francis Bacon erklärte, fürs Bett sei die wohl nichts.

»Mußtest du dich denn derart devot verhalten?« wollte die Begleiterin vom Westler wissen, während sie auf ihre Papiere warteten.

»Wer war denn da devot?« fragte der mit gespielter Empörung zurück und wußte doch, daß der Vorwurf zu Recht bestand. Er schämte sich ja selber für die Zuvorkommenheit und Eilfertigkeit, mit welcher er Papiere bereithielt, den Kofferraum öffnete und Taschen auspackte. Daß andere Westler den DDR-Grenzern noch zuvorkommender zur Hand gingen, war nur ein schwacher Trost. Die Deutschen waren nun mal geborene Untertanen, gewiß, doch untertänig benahm auch er sich; während der Kontrollen und erst recht danach, als er zu seinem eigenen Erstaunen auch noch lobende Worte für die Tatsache fand, daß ihm kein einziges Druckerzeugnis weggenommen worden war, nicht einmal das ›FAZ-Magazin‹: »Die waren aber sehr korrekt heute!«

»Was ist denn daran korrekt, wenn sie dir das ›FAZ-Magazin‹ nicht wegnehmen?«

»Die müßten das eigentlich tun.«

»Was? Den Gedankenaustausch verhindern?«

»Welchen Gedankenaustausch denn? Seit wann finden sich im ›FAZ-Magazin‹ Gedanken?«

»Dann hätten sie erst recht keinen Grund, es wegzunehmen.«

»Das nicht. Aber sie haben ihre Vorschriften.«

»Und die findest du in Ordnung?«

»Vorschriften gibt's überall.«

»Aber doch nicht solche!«

»Doch!«

»Wo denn?«

65

Der Westler wollte gerade zu einem längeren Exkurs über die objektive Gefährlichkeit gewisser BRD-Publikationen ansetzen – »Nimm nur Springer« –, schon fühlte er sich nicht mehr als Partei, sondern als objektiver Sachwalter der Interessen aller fortschrittlich gesinnten Deutschen, als ihn ein DDR-Verkehrspolizist jäh an den Straßenrand winkte. Er habe die vorgeschriebene Geschwindigkeit überschritten, sei 51 statt der zuläßigen 40 Stundenkilometer gefahren, das mache 30 Westmark.

»Vierzig Stundenkilometer! Auf der Autobahn! Denen ist aber auch jedes Mittel recht, an unser Geld zu kommen!« empörte sich der Reisende, ohne den Beschwichtigungsversuchen seiner Begleiterin Gehör zu schenken. Jetzt war er wieder ein Westler, und er wurde es umso mehr, je näher er seinem Zielort kam, Bad B., dem Wohnsitz seines Vetters und Gastgebers.

Alles entzückte ihn: die Landstraße, die sich schmal und holprig durch die liebliche Maienlandschaft wand, die würdigen Kradfahrer im enggeschnürten Sturmmantel, die so gar nichts vom grellen Sport- und Freizeitgehabe westlicher Motorradrabauken an sich hatten, die wackligen entgegenkommenden Autos, die er sachkundig als »Trabis« klassifizierte, und vor allem die so wunderbar intakten Dörfer, deren Silhouette sich schön deutlich vom umgebenden Grün der Felder und Obstbäume abhob, ohne daß Neubauten oder gar modernistische Kirchen den klaren Umriß verschandelten.

»Was ist denn daran intakt?« wollte die Begleiterin wissen, als sie eines der Dörfer durchquerten. »Ich finde hier alles reichlich verrottet.«

»Genau so sahen die Dörfer meiner Kindheit aus.«

»So kaputt?«

»So heil. Sieh doch nur: die haben hier noch richtige Vorgärten. Und Holzzäune. Und Obstbäume. Und Fachwerk.«

»Und überall fällt der Putz runter!«

»Immer noch besser als die eternitverkleideten Dorf-Butzen bei uns, mit ihren Panorama-Scheiben und den kupfergefaßten Kunstglas-Chichi-Türen.«

»Frag mal einen der Dörfler hier, was der von dieser ästhetizistischen Betrachtungsweise hält!«

»Ich sehe das alles nicht mit dem Blick des Ästheten, sondern mit den Augen der Liebe.«

»Das glaubst du doch selber nicht.«

»Klar glaube ich das.«

Er glaubte es und wußte dennoch, daß er nicht die Wahrheit sagte. Es war nämlich, aber das mochte er nicht einmal sich selber eingestehen, die Brille des Ethnologen, durch die er Dörfer und Menschen betrachtete, stets auf der Suche nach Spuren erhaltener Unschuld und vorindustrieller Schönheit. Die Eingeborenen freilich – aber machte nicht gerade das ihre Unschuld aus? – wußten gar nicht, wie schön sie es hatten. Und der Reisende – aber machte das wiederum nicht den Forscher aus? – war herzlich froh, wenn er nach einem ebenso kurzen wie enthusiastischen Rundgang durch eines der Dörfer wieder in seinen ›Golf‹ steigen und weiterreisen konnte. Nichts wie weg! Außerdem erwartete ihn sein Vetter.

Der Westler hat viele Gesichter. Vom Forscher wandelte er sich unversehens zum Krösus, als er vor dem Hause des Vetters vorfuhr. Nein, was er nicht alles mitgebracht hatte! Der Westler wand sich ein wenig. Er spielte Wert und Preis der Geschenke herunter und wußte doch, daß sie für die Beschenkten unbezahlbar waren. An Ananas mochten sie ja noch hin und wieder und mit Müh und Not rankommen, nach der letzten Pink-Floyd-Platte aber konnten sie lange suchen. Ein großer Glanz umgab den Westler, ihn, den Sendboten einer Welt, in der all diese Herrlichkeiten im Laufe eines Vormittags mühelos zusammenzuraffen waren.

Der Westler versuchte, etwas von seinem Glanz an die Gastgeber abzugeben. Er verlegte sich aufs Lob dessen, was sie ihm auftischten und vorzeigten. Die Rotwurst sei aber sehr gut, dergleichen würde man in seiner Heimatstadt M. vergeblich suchen. Das war die Wahrheit. Ja, die neue

67

Schleiflackanrichte gefalle ihm ausgezeichnet. Das war gelogen, doch je eindringlicher sein Vetter ihm von den Schwierigkeiten erzählte, die das Ergattern dieses Möbels bereitet hatte – »Ohne Vitamin B wäre da gar nichts gelaufen!« »Vitamin B?« »Beziehungen!« –, desto nachdrücklicher beharrte der Westler auf seiner Lüge: »Doch. Sehr schön. Wirklich.« »Na, bei euch gibt es natürlich noch ganz andere Möbel«, sagte der Vetter, wie um sich zu entschuldigen. »Stimmt«, dachte der Westler mit Grausen, laut aber sagte er: »Ach nee, eigentlich nicht.« »Na komm!«

Während sich die Begleiterin in der Küche nützlich machte, blätterte der Westler im ›Neuen Deutschland‹. Im Palast der Republik hatten die Beratungen des XII. Bauernkongresses der DDR begonnen. Immer verträumter glitt das Auge des Lesenden über die seitenlangen Berichte. Heile Welt auch hier. Schon die fettgedruckten Zwischenüberschriften dienten nicht der Anstachelung unguter Neugier, wie es der Westler von seinen Westzeitungen gewohnt war, sie waren unanfechtbare Wahrheiten und teils anfeuernde, teils bestätigende Losungen. ›Der Boden ist und bleibt unser größter Reichtum‹ hieß eine, ›Gesunde Tiere durch liebevolle Pflege‹ eine andere, und genauso gemächlich flossen die Ausführungen des Landwirtschaftsministers Heinz Kuhrig dahin, ein nichtendenwollender, durchweg optimistischer Redestrom, den lediglich die Zustimmung der Zuhörenden hin und wieder zu stauen imstande war. »Lang anhaltender, stürmischer Beifall auf das Zentralkomitee und seinen Generalsekretär.«
Besonders letzterer hatte aber auch, glaubte man Kuhrig, jeden Beifall verdient, der schien sich um wirklich alles zu kümmern: »Die Bauern haben sehr wohl die Worte des Genossen Erich Honecker verstanden, daß heute das Getreideproblem in seiner Rangordnung durchaus mit dem Erdölproblem verglichen werden kann. Darum lautete das Echo auf die Worte unseres Generalsekretärs aus vielen Dörfern: Laßt uns das Getreide wie das Erdöl achten und das Erdöl wie das Getreide.«
Welch ein Land! Was für Echos! Und wie sich der Generalsekretär auch

noch der geringsten Kleinigkeiten annahm: »Auf dem XI. Bauernkongreß hatte uns Genosse Honecker auf die blauen Flecken der Kartoffeln hingewiesen und darauf aufmerksam gemacht, daß es nicht nur auf die Menge ankommt, sondern auch auf die Qualität.« Auf dieses Ziel sei hingearbeitet worden. »Aber um der Wahrheit die Ehre zu geben: Es gibt immer noch einige blaue Ränder und damit absolut keinen Grund zur Selbstzufriedenheit.«

Der Westler freute sich über die blauen Ränder und wollte seine Freude mit dem Vetter teilen. Der aber saß im Nebenzimmer und sah die ARD-Tagesthemen an. »Auf die steh ich«, sagte er und zeigte auf eine Frau, die Nachrichten vorlas. Wer denn das sei, wollte der Westler wissen. »Aber das ist doch Barbara Dickmann. Die kennst du doch!« Der Westler, der kaum fernsah, kannte sie nicht, und für einen Moment kehrten sich die Rollen um. Der Gastgeber erklärte dem Gast die Feinheiten westlicher Nachrichtenvermittlung und die ihrer unterschiedlichen Sprachrohre. Der Gast wollte sich mit einem Lob des ›Neuen Deutschland‹ revanchieren, doch das wiederum las sein Vetter nicht.

»Das ND? Das muß ich beziehen, aber da steht ja nichts drin.«

Auch später, als der Westler sich seiner Begleiterin mitteilen wollte, hatte er kein Glück. »Du, ich mag das ND wirklich. Es strahlt eine solche Ruhe aus. Unsere Zeitungen dagegen möchte ich gar nicht mehr aufschlagen. Die schwächen mich nur. Vom ganzen EWG-Hickhack beispielsweise begreife ich kein Wort. Ich weiß lediglich, daß ich schließlich der Dumme sein werde. Hier dagegen … Ein Staatsratsvorsitzender, der sich um blaue Ränder kümmert! Unter blauen Rändern kann ich mir doch noch was vorstellen. Hat sich Helmut Schmidt jemals um blaue Ränder gekümmert?«

»Komm! Du wärst der erste, der nach einer Woche ND-Lektüre durchdrehen würde!«

»Würde ich nicht.«

»Spätestens nach einem Monat.«

»Nach einem Monat? Früher! Viel früher!«

69

Der Besucher kam einfach nicht mehr aus seiner Westler-Haut. Fast jedes Gespräch lief auf Vergleiche hinaus, und fast immer fielen sie zu seinen Gunsten aus. Richtiger: zugunsten des Westens; doch da der Westler aus dem Westen kam, waren sogar die Erfolge westlicher Straßenbelagshersteller seine Erfolge. »Unsere Straßen« – der Straßenbauer, den der Westler bei seinem Vetter kennengelernt hatte, schüttelte düster den Kopf und beklagte das Fehlen gewisser Materialien, das es unmöglich machte, Straßen zu bauen, die bei Hitze nicht an beiden Rändern schwarz und klebrig ausliefen: »Sie im Westen, Sie bauen wenigstens noch richtige Straßen!« Der Westler horchte verwundert in sich hinein. Er spürte, wie sich da leiser Stolz regte. Stolz auf ausgerechnet jene Straßen, die er im Westen doch nur mit Ingrimm befuhr. Er versuchte sogleich, den Stolz zu bekämpfen, aber ganz totzukriegen war der nicht.

Am nächsten Tag erwartete den Besucher eine Enttäuschung. Er hatte das Kriegsende in Bad B. erlebt, war seitdem hin und wieder zu Besuch gekommen und hatte stets zufrieden feststellen können, daß kaum Veränderungen wahrzunehmen waren, von spärlichen Neubauten oder wenigen neuverputzten Fassaden abgesehen. Auf den ersten Blick fielen dem Westler auch diesmal keine Neuerungen ins Auge. Auf dem Wege zur Anmeldestelle begeisterte er sich für die würdigen Straßenzüge der Innenstadt; eindringlich hielt er die widerwärtigen Fußgängerzonen vergleichbarer westdeutscher Städte dagegen, diese durch Marktschreierei, Profitgier und Nostalgie-Nepp heruntergekommenen Konsum-Disneylands, und stieß bei seinem Vetter doch nur auf wortkarges Unverständnis und weitere Entschuldigungen: »Ja, es ist alles sehr grau hier. Aber warst du schon mal in Ostberlin? Da haben sie ein paar tolle Sachen hingestellt, fast wie bei euch.«
Aber etwas Schönes habe auch Bad B. aufzuweisen, erklärte der Vetter auf dem Rückweg und führte die Besucher durch ein abseits gelegenes Neubauviertel, in dem es wie durch ein Wunder all das gab, woran es sonst so mangelte. Aus Baumaterialien aller Art entstanden dort gera-

dezu prächtige Eigenheime, bei jeder Baustelle wußte der Vetter Namen und Grad der Privilegiertheit des Bauherrn zu nennen: »Der hier leitet die Reparaturbetriebe der XY-Werke, da wird unter der Hand getauscht, Ersatzteile gegen Ziegel, und der da …« Der da, ein hohes Tier aus der Verwaltung, war dabei, eine Scheußlichkeit zu errichten, die seinem Rang in Höhe und Breite durchaus angemessen war, sogar einen riesigen, in Naturstein gefaßten Außenkamin gab es, von dessen Anblick sich der Vetter kaum losreißen mochte. »Doch. Ein tolles Haus«, sagte der Westler nach längerem Schweigen.

»Warum hast du denn nicht gesagt, wie du das Haus wirklich findest?« wollte seine Begleiterin von ihm wissen, als sie wieder alleine waren.

»Komm, das bringt doch nichts.«

»Bringt es denn was, wenn du jeder Auseinandersetzung aus dem Weg gehst?«

»Welcher Auseinandersetzung denn?«

Der Westler begriff natürlich, welche Auseinandersetzung seine Begleiterin meinte, doch zugleich wußte er nur zu gut, daß sie sinnlos war. Er hatte es hier, wie er immer wieder bedauernd feststellen mußte, keineswegs mit edlen Wilden zu tun, die freiwillig den so trügerischen Segnungen des Konsumismus und des entfesselten Kapitals entsagten. Was ihn jubeln ließ, machte sie leiden. Was er so sehr am real existierenden Sozialismus schätzte, dessen Veränderungen abholde Tranigkeit, stellte sich ihnen als lähmende Ineffizienz dar. Würde man sie machen lassen, Bad B. sähe im Handumdrehen so aus wie Bad Homburg; nur der Mangel, nicht etwa bessere Einsicht hielt sie zurück. So blieb es bei unausgesprochenen Vorhaltungen, für die sich der Westler dann auch noch schämte – mit vollem Bauch läßt sich leicht Askese predigen; und der Gast wußte ja nicht einmal, ob er es auch nur einen Monat lang in einem Lande aushalten könnte, in dem der Tag mit dem ›Neuen Deutschland‹ begann und ohne Kneipenbesuch endete, da fast alle gastronomischen Betriebe um acht Uhr abends dichtmachten.

Ganz zu schweigen von sehr viel bedrängenderen Realitäten. Abends, bei Bier und – für die Gäste das Beste – viel zu reichhaltigem Essen, listeten die Besucher und die Besuchten die Vor- und Nachteile der Gesellschaftssysteme auf, doch so sehr der Westler mitzuhalten suchte, so sehr er gegen Stasi-Überwachung das BKA, gegen Konsumgüterknappheit die Inflation, gegen niedrige Löhne die Arbeitslosigkeit und gegen den Lärm russischer Hubschrauber die Startbahn West ins Feld führte – den Ausschlag gab doch stets, daß er es war, der hier zu Besuch weilte, während die Gastgeber auf die Möglichkeit des Gegenbesuches lange warten konnten. »Welches ist der größte Fluß der Welt?« fragte ein anwesender Freund der Familie und reichte sogleich die Antwort nach: »Die Elbe. Es dauert sechzig Jahre, bis man drüben ist.«

»Wieso?« fragte der Westler. »Ach so.«

Doch obwohl er rechtzeitig begriffen hatte, daß der Witz auf das Rentenalter anspielte, auf die magische 60-Jahre-Marke, von der ab grenzüberschreitende Reisen wieder möglich waren, unterlief ihm noch am selben Abend die Taktlosigkeit, auf die Frage nach der Dauer der morgigen Heimreise zu antworten: »Wenn an der Grenze nicht viel los ist – so drei bis vier Stunden.« Möglich, daß seine Gastgeber diese leichthin gesagte Auskunft gar nicht als Taktlosigkeit empfanden, doch kaum daß sie ihm entschlüpft war, kaum daß er den warnenden Fußtritt der Begleiterin verstanden hatte, bereute der Westler seine Worte. Beim Knastbesuch erzählte man dem Einsitzenden doch auch nicht, wie flink man jetzt dank der neuen Schnellstraße wieder daheim wäre.

»Tut mir ja auch leid«, versuchte er sich beim Zubettgehen vor der Begleiterin zu rechtfertigen. »Aber worüber kann man denn hier noch unschuldigen Herzens reden? Die hilfreichen Themen der entspannten Gespräche im Westen – hier entfallen sie doch allesamt. Reisen entfallen, hier, wo Polen für die Hiesigen schon zu ist und Ungarn dem Vernehmen nach bald zu sein wird. Autos entfallen, hier, wo die Lieferfristen bis zu zwanzig Jahre betragen. Restaurants und Freßtips entfallen, hier, wo man sich bereits ein Jahr zuvor in besseren Lokalen anmelden muß, will man die Seinen zur Jugendweihe dorthin ausführen.«

»Als ob du im Westen dauernd über Reisen, Autos und Fressen redest.«

»Mach ich auch nicht, aber hier wird dauernd über Reisen, Autos und Fressen geredet, richtiger darüber, wie schwer das alles zu kriegen ist. Und ich habe immer das Gefühl, mich auf die Zunge beißen oder mich meiner Privilegien schämen zu müssen.«

»Die hast du nun mal.«

»Ich will sie aber nicht.«

»Im Westen hast du auch welche.«

»Da fallen sie aber nicht so auf. Da macht mich mein ›Golf‹ unsichtbar, hier stempelt er mich als Privilegierten ab.«

»Du wärst in jedem Gesellschaftssystem privilegiert. Auch wenn du hier leben würdest.«

»Dann müßte ich Parteimitglied sein. Seh ich so aus?«

»Irgendwas würde dir schon einfallen.«

»Würde mir nicht.«

Als der Westler vor dem Einschlafen noch in den ›Thüringer Neuesten Nachrichten‹ las, fiel ihm aber doch was ein. »Wenn ich hier leben müßte, wäre ich Maler!« sagte er seiner Begleiterin angeregt, die schläfrig »Wieso?« fragte. »Hör mal: Bauern als Gäste im Atelier des Künstlers Peter Kraft. Gera. An 32 Auftragswerken arbeiten gegenwärtig bildende Künstler des Bezirks Gera. Auftraggeber sind neben dem Rat des Bezirks auch Betriebe der Industrie und Landwirtschaft, die mit dreizehn bildenden Künstlern außerdem Komplexverträge über eine längere Zusammenarbeit geschlossen haben. Zu den in jüngster Zeit fertiggestellten Auftragswerken gehören die des Geraer Malers Peter Kraft. Seine Partner waren die Genossenschaftsbauern der LPG Triptis im Kreis Pößneck, die auch den Platz für die zwei Tafelbilder auswählten für den Saal ihres Kulturhauses in Miesitz.«

Da seine Begleiterin vernehmlich gähnte, versicherte der Westler hastig »Das beste kommt ja noch«, dann las er mit erhobener Stimme weiter. »Eines der beiden Tafelbilder zeigt die typische Thüringer Landschaft, über deren Feldern ein schweres Gewitter heraufzieht. ›Diese Naturerscheinung ist für mich, und ich hoffe auch für andere Betrachter, von starkem Symbolgehalt. Ich glaube, jeder politisch interessierte Mensch kann ermessen, welche Bedrohung des Friedens und damit auch der friedlichen Landschaft gegenwärtig vom Imperialismus ausgeht‹, sagte der Künstler …«

»Welch ein Schlitzohr!« sinnierte der Westler, als das erwartete Gelächter der Begleiterin ausblieb. »So würde ich es auch halten: Blumentöpfe malen und dann behaupten, sie würden das Blühen der Künste im Sozialismus versinnbildlichen. Oder Kleinkinder – und die als den Neuen Menschen verkaufen. Oder Maulwürfe …«

»Wieso denn Maulwürfe?«

»Ja! Maulwürfe! Das bekannte Symbol westlicher Wühlarbeit!«

Als sich der Westler am nächsten Tage verabschiedete, hatte er noch einmal ein schlechtes Gewissen – immer konnte er abreisen, immer mußten die zurückbleiben. Dann, als er die Grenze überquert hatte, atmete er auf. Eben noch hatte er die Unzulänglichkeit der Hinweisschildchen an den DDR-Grenzgebäuden belächelt – »Guck mal, wie die ›Zur Zollkontrolle‹ schreiben! Von Hand und mit gotischen Lettern!« –, und schon war er wieder bereit, jedes Piktogramm am neugestalteten westdeutschen Grenzübergang persönlich zu nehmen: »Diese Effizienz! Diese Klobigkeit!« Auch erbosten ihn die kontrollierenden Polizisten: »Weshalb werden wir hier eigentlich kontrolliert? Wenn man unseren Politikern glaubt, gibt es doch gar keine zwei Deutschlands. Und wo keine zwei Länder sind, dürfte es doch auch gar keine Grenze geben – oder?«

Es gab sie aber, in der Realität, im Kopf, ja selbst im Bauch. Erleichtert spürte der Reisende, daß er nun nicht mehr Westler, sondern zu Hause war. Da, wo ihn wieder bekannte Gegner, vertraute Verwüstungen und klare Empfindungen erwarteten. All das jedenfalls erhoffte der Heimgekehrte, und bisher hatten ihn seine Hoffnungen noch nie getrogen.

Gegen Götter kämpfen selbst
　　　　　Dumme vergebens

Vom lieben Gott, der über die Erde wandelte

Es begab sich einmal, als der liebe Gott wieder über die Erde wandelte, daß es dunkel wurde und er am Hause des reichen Mannes anklopfte und um ein Nachtlager bat.

Doch der reiche Mann erkannte nicht, wer da vor ihm stand, und so antwortete er: »Tritt herein, unbekannter Fremder, das ist wohl getan, daß du bei mir anklopfst. Gleich werde ich dir das schönste Bett im ganzen Haus herrichten lassen, darf ich dich in der Zwischenzeit mit feinem Backwerk und köstlichen Weinen bewirten?«

Da gab sich der liebe Gott zu erkennen und sprach erfreut: »Dein Angebot ist sehr freundlich, reicher Mann. Die letzten Male, da ich über die Erde wandelte, mußte ich nämlich immer beim armen Mann absteigen. Und da hat es mir, ehrlich gestanden, gar nicht gefallen, bei dem war alles – unter uns gesagt – doch erschreckend ärmlich.«

Nach diesen Worten aber schmausten und tranken die beiden nach Herzenslust, und es wurde noch ein richtig netter Abend.

Gebet

Lieber Gott, nimm es hin,
daß ich was Besond'res bin.
Und gib ruhig einmal zu,
daß ich klüger bin als du.
Preise künftig meinen Namen,
denn sonst setzt es etwas. Amen.

Gut Gesagt

Ich bin jung
Mein Herz ist voll Schwung
Soll niemand drin wohnen
Als Mao Tse Tung.

(Inschrift auf einer Zugehfrau im Rheinischen)

Vom Kindlein, das ein Hochhaus betrat

Ein Kindlein betrat einst ein Hochhaus.

Da fuhr es mit dem Fahrstuhl in das zehnte Stockwerk. Dort sah es einen Direktor sitzen, der hatte feuerrotes Haar. Da faßte es sich ein Herz, trat auf den Direktor zu und haute ihn mit aller Kraft auf die Nase.

Dann fuhr es noch zehn Stockwerke höher. Da sah es einen Generaldirektor sitzen, der hatte einen spinatgrünen Bart. Da dachte es bei sich »Bangemachen gilt nicht«, trat vor ihn hin und biß ihn ins Schienbein.

Dann fuhr es abermals zehn Stockwerke höher. Da sah es den lieben Gott sitzen, der hatte Augen so groß wie Wagenräder, die waren schwefelgelb. Da nahm es all seinen Mut zusammen, trat vor ihn hin und fragte: »Hauen oder beißen?«

»Wie bitte?« fragte der liebe Gott.

Da haute das Kind ihn in den Bauch und biß ihm überdies noch ins Ohr. Von diesem Kindlein, scheint mir, können wir alle noch eine Menge lernen.

Erdgebet

Himmel, großer Deckel du,
deck mich kleine Erde zu.
Hab ich Unrecht heut getan,
zeige mich bei Gott nicht an.
Läßt du mich nur selig ruhn,
will ichs morgen wieder tun.
Amen

Bei den Reichen

Denken wir uns das Weltgericht. Sogleich nach dem Ende aller Zeiten hat es begonnen zu tagen, sofern Zeitbegriffe wie »Beginn« und wie »tagen« nicht allen Sinn dann verlieren, wenn von Zeit selber nicht mehr die Rede sein kann, was freilich auch sein Gutes hat. Erst im Zustand der Zeitlosigkeit ist es möglich, jene gewaltige juristische Leistung ernsthaft anzugehen, die ein Begriff wie Weltgericht impliziert: In ungezählten Gerichtssälen laufen ebenso unzählbare Gerichtsverfahren in Sachen eines jeden, der vor dem Ende der Zeiten jemals auf Erden gelebt hat. Auch der Schriftsteller Norbert Gamsbart hat sich zu verantworten, auch ihm wird die gleiche Behandlung zuteil, wie sie jedem Erdenwurm ohne Ansehen seiner Person zusteht. Während ein Ankläger im Beisein des Richters und der Schöffen mit spitzen Fingern Schwachpunkt für Schwachpunkt des betreffenden Erdenwallens auf den Richtertisch trägt, versucht ein Verteidiger, die Anklage nach bestem Vermögen zu entkräften, wenn nicht der Angeklagte selber den Versuch unternimmt, als Zeuge in eigener Sache zu punkten. So auch Gamsbart. Oft genug hat ihm Peinlichkeit die Sprache verschlagen, doch den just anstehenden Anklagepunkt glaubt er mit etwas Geschick widerlegen zu können, zumal er sich des Beistands seines Verteidigers sicher sein kann. Der hat ihm oft genug aus Verlegenheiten geholfen, wenn während seiner bisher verhandelten Lebensjahre Not am Mann war, er wird ihn auch diesmal, das jedenfalls hofft Gamsbart, beim Anklagepunkt »Besuch einer Millionärsparty« nicht hängen lassen. Doch da wird schon sein Name aufgerufen:

RICHTER Ich rufe Norbert Gamsbart.
GAMSBART Hier!

ANKLÄGER Kommen wir nun zum Abend des 25. 5. 1993. Wie an den Vortagen hielten Sie sich zu diesem Zeitpunkt auf Sardinien auf.

GAMSBART An der Costa Smeralda, korrekt.

ANKLÄGER Schildern Sie doch einmal die Umstände, die Sie dorthin geführt hatten.

GAMSBART Aber die habe ich doch schon oft und oft erklärt.

VERTEIDIGER Möglicherweise sind sie dem einen oder anderen der Schöffen entfallen oder nur nicht ganz geläufig. Bitte, Herr Gamsbart.

GAMSBART Zusammen mit meinem befreundeten Kollegen Sir Pit und Anselmus hielt ich mich auf Sardinien zum Zwecke der Ideenfindung auf.

ANKLÄGER Nicht eher aus Gründen des Gelderwerbs?

GAMSBART Im vorliegenden Fall deckten sich beide Zwecke.

ANKLÄGER Ich zitiere aus Ihrer Aussage des Vortags. Zitat: Wir waren zusammen mit Otto bei Gino untergebracht. Gino, Amerikaner, Hausbesitzer und Freund Ottos, hatte uns, die Autoren, zu sich geladen, damit wir in entspannter Atmosphäre gemeinsam mit dem Star Ideen für eine Fernsehshow entwickeln konnten.

ANKLÄGER Gehe ich fehl in der Annahme, daß es sich bei besagter Show um ein Vorhaben von großer Nichtsnutzigkeit gehandelt hat?

VERTEIDIGER Einspruch, euer Ehren! Diese Qualifikation beinhaltet eine Verurteilung.

RICHTER Einspruch stattgegeben! Wie würden Sie selber Ihre Arbeit auf Sardinien bewerten, Herr Angeklagter?

GAMSBART Man kann mit guten Gründen bestreiten, daß ihr Ergebnis die Menschheit besser oder klüger gemacht hat, doch dürfte es andererseits auch sehr schwerfallen, das Gegenteil zu beweisen.

ANKLÄGER Gehe ich recht in der Annahme, daß Sie selber dieser Ideenfindung, wie Sie sie zu nennen pflegen, reserviert gegenüberstanden?

GAMSBART Das kann man so sagen. Ja.

ANKLÄGER Glaubten Sie, als Autor Ihres Talents nichts Besseres und Sinnvolleres leisten zu können?

GAMSBART Ich hoffte es. Richtig.

ANKLÄGER Sie hatten sich daher fest vorgenommen, die Abende ernsthafter schriftstellerischer Arbeit zu reservieren.

GAMSBART So war es. Stimmt.

ANKLÄGER Dennoch sind Sie am Abend des 25. 5. Ihrem Vorsatz untreu geworden und mit Ihrem Kollegen Gino und dem – wie Sie ihn nennen – Star, also Otto, auf eine Party gegangen. Wie läßt sich diese bedauernswerte Zeitverschwendung rechtfertigen? Wie können Sie Ihren Partybesuch mit Ihrem schriftstellerischen Ethos verbinden? Mit Ihrem Talent sollte ein Künstler doch wuchern. Haben Sie an jenem Abend nicht dazu beigetragen, es ein weiteres Mal zu verschludern?

GAMSBART Der Künstler, zumal der Schriftsteller, ist zur Wahrhaftigkeit verpflichtet. Diese gewinnt er nur durch Inaugenscheinnahme. Sie allein gewährleistet, daß er nicht einfach das reproduziert, was andere bereits in seinen Kopf hineingetan haben, sondern den Blick auf die Welt neu justiert.

ANKLÄGER Den Blick auf welche Welt?

GAMSBART Beispielsweise den Blick auf die Welt der Reichen. Ich war meinen Kollegen und den anderen Genannten deswegen gefolgt, weil sie von einer Millionärsparty in einer Villa gesprochen hatten. Nein – von einer Party in einer Millionärsvilla.

ANKLÄGER Sie folgten also wieder einmal dem Lockruf des Geldes?

VERTEIDIGER Einspruch, euer Ehren. Die Anklage unterstellt unbegründet unlautere Motive.

RICHTER Einspruch stattgegeben.

VERTEIDIGER Versuchen Sie sich mal genau zu erinnern, Herr Gamsbart. Mit welchen Worten war Ihnen der zu erwartende Vorgang denn angekündigt worden?

GAMSBART Ich sagte es bereits: als Party. Oder, nein, jetzt erinnere ich mich: als Dinner. Als Dinner bei einem Turiner Millionär und dessen Turiner Freundin.

ANKLÄGER Und da erwarteten Sie etwas Prächtiges, Aufwendiges, Ausgefallenes?

GAMSBART Das kann ich nicht leugnen. Ich rechnete mit ungewöhnlichen Eindrücken.

ANKLÄGER Und das bewahrheitete sich?

GAMSBART Ja. Allerdings auf eine Art und Weise, die ich nicht erwartet hatte.

ANKLÄGER Angeklagter, meinen Sie, daß es Ihre Glaubwürdigkeit erhöht, wenn Sie vollständig widersprechende Behauptungen aufstellen?

GAMSBART Inwiefern?

ANKLÄGER Insofern, als Sie behaupteten, die Ihnen im Laufe des Abends zuteil gewordenen überraschenden Eindrücke seien derart gewesen, daß Sie sie *nicht* erwartet hätten.

VERTEIDIGER Womit, hohes Gericht, der Angeklagte lediglich sagen wollte …

GAMSBART Genau! Ich wollte sagen, daß die Überraschung eine Wendung nahm, die ich nicht erwartet hatte.

RICHTER Drücken Sie sich bitte klarer aus, Herr Gamsbart.

GAMSBART Gerne, euer Ehren. Noch auf dem Weg zur Millionärsvilla hatten wir uns die zu erwartenden Köstlichkeiten ausgemalt. Die Tafel, die Tafelaufsätze, die Speisen, die Speisefolge, die Weine nicht zu vergessen – was wohl würde ein italienisches Millionärspaar amerikanischen und deutschen Gästen an Weinen kredenzen?! Seltene Barberas? Uralte Brunellos? Ungeahnte sardische Tropfen?

ANKLÄGER Spannen Sie uns nicht auf die Folter. Was wurde denn ausgeschenkt?

GAMSBART Ein Weißwein. Eine einzige nicht allzu noble Marke, und die den ganzen Abend über.

VERTEIDIGER Es gab also nur Weißwein zum Dinner.

GAMSBART Es gab auch kein Dinner.

ANKLÄGER Wie soll ich das verstehen? Wurde denn nichts zu essen serviert?

GAMSBART Doch, doch, nur eben kein Dinner im klassischen Sinne, denn das entpuppte sich als eine Art Stehimbiß. Ein Stehimbiß in einer nicht allzu großen Villa mit sehr gepflegtem kleinem Garten. Doch ich greife vor. Meine Überraschung wurde ausgelöst durch die Art der Musikbeschallung. Die besorgte ein einfaches Kofferradio, das einen lokalen Musiksender übertrug. Mein Erstaunen steigerte sich, als die Gastgeberin der nicht allzu großen Gästezahl als Aperitif Sangria in Plastikbechern anbot. Derweil werkelte eine Küchenhilfe, die offenbar zu spät angefangen hatte, am Essen. Wir waren zu einem späten Zeitpunkt eingeladen worden, waren noch später gekommen und bekamen erst sehr spät etwas zu essen. Allerdings, das sei unterstrichen, gute Kost.

ANKLÄGER Haute Cuisine?

GAMSBART Nein, nein, eine ganz normale, gut zubereitete italienische Speisefolge: Makkaroni, Rouladen, Eis, Kaffee. Basta.

ANKLÄGER Und wie hätten Sie sich ein Dinner in einer Millionärsvilla an der Costa Smeralda ausgemalt?

GAMSBART Ich sagte es bereits: Sehr viel üppiger.

ANKLÄGER Sie bereuen es also, diese Erfahrung gemacht zu haben?

GAMSBART Nein, im Gegenteil. Ich wollte sie machen und ich habe dies auch im Vorfeld gesagt, als unsere Truppe sich entscheiden mußte, ob sie die Einladung annehmen sollte oder nicht. Denn der Einladende war der uns kaum bekannte Herr Bepe, und der hatte natürlich nicht mich gemeint, sondern meinen und somit seinen Nachbarn Gene sowie dessen Stargast Otto. Wir Autoren waren lediglich eine Zugabe.

ANKLÄGER Hat Sie das gekränkt?

GAMSBART Nein.

ANKLÄGER Herr Gamsbart, war dies die einzige Party in einer Millionärsvilla, welcher Sie beigewohnt haben?

GAMSBART Wenn Sie die Costa Smeralda meinen: Ja.

ANKLÄGER Halten Sie das, was Sie da erlebt haben, für signifikant oder gar für typisch?

GAMSBART Darüber steht mir kein Urteil zu.

ANKLÄGER Worin liegt dann der Erkenntnisgewinn für Ihr Schreiben, den Sie vorhin konstatiert haben?

GAMSBART In der Anschauung. Ich hätte nie zu imaginieren gewagt, bei solchen Dinners werde aus Plastikbechern getrunken, wie auf irgendeiner Fete in irgendeiner WG.

ANKLÄGER Sie meinen also herausgefunden zu haben, daß die Reichen ganz normale Menschen sind?

GAMSBART Das habe ich nicht gesagt.

ANKLÄGER Was soll dann der Vergleich Villa–WG?

GAMSBART Die Plastikbecher regten mich dazu an, aber eigentlich hatte ich bei ihrem Anblick ganz andere Gefühle und Gedanken gehabt.

ANKLÄGER Welche?

GAMSBART Wie unkultiviert diese Reichen doch sind. Als wir unsere Frankfurter Wohnung mit zirka hundert Gästen einweihten, bestand meine Frau darauf, eine entsprechende Menge von Gläsern zu kaufen. Und hier, bei Millionärs, gab es nicht einmal Gläser für rund fünfzehn Personen.

ANKLÄGER Wurde dieser Umstand auch von anderen Gästen bemerkt?

GAMSBART Otto machte einige vorlaute Bemerkungen in englischer Sprache, die darauf hinausliefen, man solle darauf achten, daß den kostbaren Plastikbechern nichts passiere.

ANKLÄGER Reagierten die Gastgeber darauf?

GAMSBART Die Turiner Freundin des Gastgebers schien pikiert. Sie wies Otto darauf hin, daß seine Schuhe und sein Jackett auch nicht die geschmackvollsten seien. Nun hatte er die von Gene ausgeliehen und konnte daher warnend bemerken, alle Kritik treffe letztlich den Nachbarn Gene.

ANKLÄGER Zurück zur Frage, was dieser bei Licht betrachtet doch wohl recht müde Abend Sie gelehrt hat.

GAMSBART Ich sagte es doch bereits. Daß die Reichen unkultiviert sind.

ANKLÄGER Und das wollen Sie vorher nicht gewußt haben? Noch nie etwas von Familie Neureich oder den Raffkes gehört?

GAMSBART Die sind erstens Figuren der Vergangenheit, der Gründerzeit beziehungsweise der Inflationsjahre. Und die haben zweitens, so

jedenfalls steht's in den Büchern, ihre Unkultur dadurch unter Beweis gestellt, daß sie immer zuviel des Guten und des Kostbaren taten. Und drittens ist der Plastikbecher und damit die Möglichkeit, anhand seiner Unkultur zu beweisen, jüngeren Datums: Der hätte einem Gesellschaftskritiker der Kaiserzeit noch nicht einfallen können.

ANKLÄGER Ist es denn so schrecklich verdienstvoll, die Reichen der Unkultur zu überführen?

GAMSBART Na ja …

ANKLÄGER Ist Unkultur nicht überdies ein reichlich verstaubter Begriff? Wer hat in dieser pluralistischen Gesellschaft überhaupt noch Kultur im Sinne eines sinnvoll gegliederten, persönlich erworbenen Systems von Werten und daraus folgenden Handlungen?

GAMSBART Tja.

ANKLÄGER Gibt es nicht nur noch Partialkulturen und wäre nicht auch eine denkbar, in welcher selbst der Plastikbecher seinen Platz hätte?

GAMSBART Ja, doch.

ANKLÄGER Ist es demnach vertretbar zu sagen, Sie hätten sich diesen Besuch auch sparen und die Zeit mit sinnvollerer, sprich: geistiger Tätigkeit zubringen können?

GAMSBART Aber dann wüßte ich doch nicht, wie ich eine Party in einer Millionärsvilla an der Costa Smeralda zu beschreiben hätte.

ANKLÄGER Und Sie würden Gastgeber schildern, die ihren Gästen den einzigen Weißwein in Plastikbechern zumuten?

GAMSBART Auf jeden Fall.

ANKLÄGER Würden Sie mir widersprechen, wenn ich vermute, daß auf siebenundneunzig Prozent aller Partys in sardinischen Millionärsvillen aus richtigen Gläsern getrunken wird?

GAMSBART Nein.

ANKLÄGER Sie würden dennoch an Ihrer zugegebenermaßen raren, wenn auch selbst erlebten Version festhalten?

GAMSBART Auf jeden Fall!

ANKLÄGER Warum?

GAMSBART Weil sie mir die Möglichkeit gibt, etwas zur Wahrheitsfindung beizutragen.

ANKLÄGER Über die Reichen?

GAMSBART Über den Menschen. Wie leicht er zu beeindrucken ist durch ein Wort wie Millionärsvilla. Mit welcher Scheu er sich dorthin begibt, wie erleichtert, wie irritiert, auch ein wenig enttäuscht er wahrnimmt, wie schnöde es da zugeht. Wie gestärkt er den Schauplatz verläßt.

ANKLÄGER Arm, aber aus Innen glänzend?

GAMSBART Jedenfalls um eine Erfahrung reicher. Und, ich sagte es bereits, doch wiederhole ich mich gern: Es gibt für den Schriftsteller kein wertvolleres Kapital als Erfahrungen. Außer seiner Imagination selbstredend.

ANKLÄGER Sie würden also den kläglichen Abend unter mediokren Gestalten nicht als Zeitverschwendung bezeichnen?

GAMSBART Ebensowenig wie ein Marcel Proust, nur daß der ungezählte Stunden bei den Pariser Reichen und Aristokraten verbracht hat, bevor er sich auf »Die Suche nach der verlorenen Zeit« begab.

ANKLÄGER Wo ist Ihre Recherche, wenn man fragen darf? Herr Norbert Proust?!

VERTEIDIGER Einspruch, euer Ehren! Die Anklage unterstellt dem Autor eine Selbsteinschätzung, zu der dieser in keiner Weise Anlaß gegeben hat.

RICHTER Einspruch abgelehnt. Herr Gamsbart, hat denn Ihre so plastisch geschilderte Erfahrung einer Party in einer Millionärsvilla irgendwann oder irgendwo in einem Roman oder in einer Novelle ihren Niederschlag gefunden?

GAMSBART Nicht in einem Roman, euer Ehren, wohl aber in einem Text, den ich sogleich nach dem Erlebnis zu Papier gebracht habe.

VERTEIDIGER Würden Sie die Freundlichkeit haben, diesen ominösen Text als Beweisstück dem Gericht vorzulegen?

GAMSBART Das ist nicht nötig, da wir uns bereits eine geschlagene

Stunde wortwörtlich an diesen Text halten. Bei dem nämlich handelt es sich um nichts anderes als das vollständige Protokoll der Sitzung, die wir gerade absolvieren.

ANKLÄGER Wollen Sie damit behaupten, daß wir alle, mich eingeschlossen, seit einer Stunde nichts Gescheiteres zu tun haben, als einen vor Urzeiten von Ihnen verfaßten Text zu ... zu ...

GAMSBART Erraten! Und auch Ihr Stottern ist Teil des Textes. Ihr Satz schließt übrigens mit dem Wort –

ANKLÄGER – absolvieren.

GAMSBART Korrekt.

ANKLÄGER Dann weigere ich mich, noch ein weiteres Wort zu verlieren.

GAMSBART So lautet Ihr Schlußsatz, richtig.

RICHTER Herr Gamsbart, Sie haben das Gericht in eine prekäre Situation gebracht. Solange wir uns an Ihren Text halten müssen, ist eine Wahrheitsfindung, die ihren Namen verdient, nicht möglich. Oder?

DIE SCHÖFFEN Nicht möglich.

RICHTER Ein solch antizipiertes Protokoll stellt überdies eine schwere Beeinträchtigung der Unabhängigkeit der Justiz dar. Wer gab Ihnen das Recht, seinerzeit diesem Verhandlungstag vorwegzugreifen?

GAMSBART Ich habe geschrieben: diesen Verhandlungstag vorwegzunehmen, aber gleichviel ... Ob ich das Recht dazu hatte, weiß ich nicht, doch die Kraft dazu besaß ich.

VERTEIDIGER Von welcher Kraft reden Sie, Herr Gamsbart? Gar von übersinnlicher?

GAMSBART Nein, nein. Von dem bereits erwähnten zweiten Kapital des Künstlers, von seiner Einbildungskraft.

RICHTER Heißt das, daß Sie sich etwas auf Ihr imaginiertes und von uns in Szene gesetztes Protokoll einbilden?

GAMSBART Aber kräftig. Das allein hat die Teilnahme an der Party in der Millionärsvilla doch mehr als gerechtfertigt.

RICHTER Abschließende Bewertungen überlassen Sie bitte dem Gericht.

GAMSBART Mein Reden. Gern.

RICHTER Können wir sichergehen, morgen ohne präfabriziertes Protokoll weiter verhandeln zu können?

GAMSBART Seien Sie unbesorgt. Ich hatte zu Lebzeiten noch anderes zu schreiben als vorweggenommene Gerichtsprotokolle.

RICHTER *seufzend* Das wissen wir bereits, Herr Gamsbart. *(Dreimal mit dem Hammer klopfend)* Ich schließe die Verhandlung und vertage sie auf morgen.

Nimm und lies
Die drei Berufungen des Kirchenvaters Augustin

> Und sieh, da höre ich vom Nachbarhause her
> in singendem Tonfall, ich weiß nicht, ob eines
> Knaben oder eines Mädchens Stimme, die
> immer wieder sagt: »Nimm und lies, nimm
> und lies!«
>
> AUGUSTIN, BEKENNTNISSE

1. Berufung

In seinem Garten Augustin
malt grad Figuren in den Kies,
sehr pralle Weiber, nackt und schlimm –
da spricht ein feines Stimmchen: »Nimm
und lies.«

Verwirrt schaut um sich Augustin,
sieht dann in Höhe seines Knies
ein Buch auf runden Tisch gestellt,
und jenes feine Stimmchen bellt:
»Ja, dies.«

Zum Buch greift zögernd Augustin,
er öffnet's, und ihm ins Gesicht
springt eine Zeile fett und breit,
ein Satz, der ihm entgegenschreit:
»Lies nicht!«

In seinem Garten Augustin
blickt fragend aufwärts, denn er weiß
nun gar nicht, wessen Wort hier gilt –
und jenes feine Stimmchen brüllt:
»So'n Scheiß!«

2. Berufung

Am Tag darauf
ertönt es: Nimm!
Verzeiht, sagt Augustin,
ich schwimm.
Nimm, sagt die Stimme barsch,
und lies!
Pardon, fragt Augustin,
Wie dies?
Soweit ich seh,
sind um mich her
nur Wasser,
respektive Meer.
Die Stimme schwieg,
da Augustin
tatsächlich
rechtzuhaben schien:
Da war kein Land,
da war kein Buch;
Gott unterdrückte
einen Fluch.

3. Berufung

Das war des Jünglings letzte Chance,
beim dritten Mal ging Gott aufs Ganze.
Er sprach zu Augustinus: »Hier!
Jetzt nimm und lies mal dies Papier.«
Darauf stand groß in schwarzen Lettern:
»Du zählst jetzt zu den Kirchenvettern
und wirst nach ein, zwei Probejahren,
wenn wir mit dir zufrieden waren,
ein Kirchenonkel, um sodann –
vorausgesetzt, du hältst dich ran –
zum Kirchenvater aufzusteigen …«
Der Jüngling las. Es herrschte Schweigen.
»Tja«, sprach er dann. »Was heißt hier Tja?
Wie lautet deine Antwort – na?«
»Tja – das besagt, nun ja, nicht nein …«
»Moment mal – soll das witzig sein?
Wie ist das? Wirst du Kirchenvater?«
»Ich will's versuchen.« Und das tat er.

Das Buch Ewald

Gott und der Teufel schauten wieder einmal auf die Erde, als Gott den Teufel plötzlich anstieß und, auf einen jungen Mann deutend, sagte: »Jetzt schau dir mal diese Ratte da an!«

»Ratte? Nu na, nu na …«, antwortete der Teufel zögernd, da er im Gehabe des jungen Mannes, welcher gerade dabei war, auf ein junges Mädchen einzureden, wenig Rattenhaftes entdecken konnte. »Der ist doch eigentlich ganz nett.«

»Nett wie so eine Ratte nur sein kann«, gab Gott höhnisch zurück. »Siehst du denn gar nicht, was der da mit dem Mädchen vorhat?«

»Hat der was vor?« fragte der Teufel verwundert und lauschte zerstreut den Worten des jungen Mannes, welche darauf hinausliefen, er würde dem Mädchen, da sie sich doch für Kunst interessiere, gar zu gern seinen jüngst in London gekauften Hockney-Band zeigen.

»Stimmt, der hat etwas vor«, sagte der Teufel schließlich, »der will dem Mädchen ein Kunstbuch zeigen.«

»Kunstbuch?!« Gott schlug sich in gespielter Verzweiflung vor die Stirn. »Sagtest du Kunstbuch?«

»Ist doch Kunst – oder?«

»Was ist Kunst?«

»Hockney.«

Gott überlegte einen Moment. War Hockney Kunst? Ein bißchen viel Schwimmbecken – oder? Doch dann fiel ihm das Portrait der Eltern ein: »Ja, ja. Kunst.«

»Na also«, sagte der Teufel.

»Also was?«

»Also alles klar – die beiden da haben irgend etwas Kunstmäßiges vor.«

Gott blies die Backen auf, dann ließ er mit einem verächtlichen Seitenblick auf den Teufel ostentativ die angestaute Luft entweichen: »Pfllpfll-pfll …«

»Nichts Kunstmäßiges?« fragte der Teufel verunsichert.

Gott wollte gerade zu einer Antwort ansetzen, als zwei Engel hereinkamen und etwas Backwerk, Kaffee, Cognac sowie eine Flasche Rotwein brachten. »Da bin ich mal so frei«, sagte der Teufel, dem schon lange nach einem Schlückchen gewesen war, und griff nach dem Cognac. Gott bediente sich derweil vom Rotwein, fast schien es, als habe er den jungen Mann vergessen, als er plötzlich das angebissene Stück Kuchen sinken ließ und mit vollem Munde herausplatzte: »Bürsteln will er sie!«

»Wer? Wen?«

»Er! Sie!« Erregt blickte Gott wieder auf die Erde, während der Teufel, ohne vom Kuchen aufzuschauen, ein begütigendes »Nu na« und »Wer wird denn gleich an das Schlimmste denken« brummte.

»Da!« schrie Gott entgeistert auf. »Ja ist denn das die Möglichkeit!«

»Ist was?« Nun schaute auch der Teufel hinunter, ohne freilich den jungen Mann sogleich ausmachen zu können.

»Da!« Gott packte den Teufel am Ärmel. »Was für eine Ratte! Was für eine ausgemachte Ratte! Jetzt faßt er sie doch tatsächlich an die Dudeln!«

»Wirklich?« Der Blick des Teufels irrte ein wenig umher, dann hatte er den jungen Mann wieder im Visier. Der ging immer noch neben dem Mädchen her und wiederholte seine Bitte, sie möge sich doch seinen Hockney-Band anschauen.

»Mich so zu erschrecken!« sagte der Teufel fast schmollend. »Hat sich was mit Dudelnfassen!«

»In Gedanken hat er sie aber an die Dudeln gefaßt«, sagte Gott streng. »Und das ist genauso schlimm wie in Wirklichkeit.«

»Nu na.« Der Teufel wollte sich wieder dem Cognac zuwenden, doch dann hatte er das Gefühl, noch irgend etwas Hilfreiches sagen zu müssen, und daher sagte er. »Dudeln hin, Dudeln her!«

»Wie bitte?« fragte Gott stirnrunzelnd.

»Nun ja …«, der Teufel überlegte etwas. »Bist du denn ganz sicher, daß er sie an die Dudeln fassen wollte?«

»Wohin sollte die Ratte sie denn sonst fassen wollen?«

»Weiß ich?« Für einen Moment fühlte sich der Teufel in die Enge getrieben, doch dann schlug er erleichtert vor: »Vielleicht an den Ellenbogen?«

»Vielleicht gar an seinen eigenen?« fragte Gott spöttisch.

»Ja, ja, warum eigentlich nicht?« stimmte der Teufel zu. »Es wäre nicht das erste Mal. Mein Knecht Hiob hat sich –«

»Mein Knecht immer noch!« unterbrach ihn Gott.

»Deiner? Auch gut.« Fast schien es, als ob der Teufel den roten Faden völlig verloren hätte, dann aber erinnerte er sich: »Der faßte sich auch immer so an den Ellbogen.«

»Wer?«

»Der Dingens. Mein – nein, dein Knecht Hiob. Erinnerst du dich nicht mehr?«

»Der?« Gott überlegte. »Ach der! Aber der hat sich doch immer an den Kopf gefaßt.«

»Wann?«

»Damals. Als du ihm diese ganzen Schicksalsschläge zugefügt hast.«

»Du immer noch«, berichtigte ihn der Teufel.

»Nein, du«, entgegnete Gott scharf.

»Aber du hast angefangen!« sagte der Teufel.

»Wir haben gemeinsam angefangen«, erinnerte sich Gott. »Wir hatten diese Wette laufen, nach der du meinem treuen Knecht Hiob alle erdenklichen Übel zufügen durftest, um ihn zum Abfall von mir zu bewegen und –«

»Bumsti! Abgefallen ist er!« schrie der Teufel begeistert.

»Im Gegenteil!« empörte sich Gott.

»Na gut. Aufgefallen ist er«, sagte der Teufel begütigend, und bevor Gott nochmals widersprechen konnte, fügte er rasch hinzu: »Weil er doch trotz der ganzen Schicksalsschläge immer so verbissen zu dir gehalten hat. Na! Nicht verbissen«, korrigierte er sich, da Gott schon wieder auf-

brausen wollte, »vertraulich! Nein, auch nicht! Jetzt hab ich's: Vertrauensvoll!«

»Ja. Vertrauensvoll!«, bekräftigte Gott. »Jawohl, so einer war er, mein Knecht Hiob – vertrauensvoll! Du hast ihm die Frauen genommen und die Töchter und die Söhne und die Herden und schließlich die Schwären, und –«

»Die Schwären habe ich ihm aber nicht genommen, sondern geschickt«, warf der Teufel ein. »Deswegen – jetzt erinnere ich mich –, deswegen hat der Hiob sich ja auch die ganze Zeit an den Ellenbogen gefaßt. Nicht gefaßt! Gekratzt hat er sich. Weil's da so gejuckt hat!«

»Gejuckt?« Mißmutig blickte Gott auf den Teufel, der sich schon wieder vom Cognac bediente, doch dann hellte sich sein Gesicht auf.

»Vertraut hat er mir!« röhrte er fröhlich. »Nix hat er mehr gehabt –«

»Außer Schwären!« gab der Teufel mit der Korrektheit des Angetrunkenen zu bedenken, ohne Gott allerdings in seinem Gedankengang stören zu können, denn der fuhr freudig fort: »Gar nix! Außer dem Vertrauen zu mir. Dem Vertrauen! Das nämlich hast du ihm nicht nehmen können, du Saubär!«

»Nu na, nu na!« Irgendwie schien das Gespräch an Niveau zu verlieren, irgendwo dämmerte es dem Teufel, daß er ihm eine andere Wendung geben mußte. Aber wie? Da ihm nichts Besseres einfiel, schaute er scheinbar angespannt auf die Erde.

»Oha, oha!« sagte er aufs Geratewohl.

»Bürstelt er sie?« fragte Gott aufgeregt, während er suchend dem Blick des Teufels folgte. Zunächst ohne Erfolg. Endlich aber – der Teufel hatte nämlich in eine ganz falsche Richtung geschaut – fand Gott den jungen Mann wieder, welcher, offensichtlich vor seiner Haustüre angelangt, dem Mädchen noch einmal nahelegte, sich doch unbedingt den Hockney-Band anzuschauen, auch könne er ihr, da es ja bereits ein wenig kühl sei, einen Tee bereiten.

»Bürsteltrick siebzehn«, sagte Gott verächtlich, doch da der Teufel, froh über die Ablenkung, sich weiterer Kommentare enthielt, sahen beide

eine Zeitlang schweigend zu, wie der junge Mann mit dem Mädchen
zwei Treppen hochstieg, eine Wohnungstür öffnete, seinen Gast in ein
möbliertes Zimmer geleitete – offensichtlich lebte er zur Untermiete –,
worauf er unter Hinweis auf den versprochenen Tee in der Küche verschwand, wo er auch tatsächlich damit begann, Wasser aufzusetzen und
nach einer Kanne zu suchen.

»Apropos Kanne«, sagte der Teufel und griff zum Cognac, während Gott,
dem die Zeit ebenfalls lang geworden war, sich wie auch zuvor schon an
den Rotwein hielt. »Kuchen gefällig?« fragte er so verbindlich, daß der
Teufel sich nicht verkneifen konnte, nach einem eilfertigen »Aber gern«
noch ein verschwörerisches »Fast wäre er ja doch naduweißtschonwas«
zu äußern.

»Fast wäre wer was?« fragte Gott stirnrunzelnd.

»Dein Knecht Hiob wäre fast …«

»Was fast?«

»Fast abgefallen.«

»Wie bitte?«

»Nu na – doch nur fast … Fast beinahe … Beinahe gar nicht … eigentlich überhaupt nicht …«, haspelte der Teufel. »Aber wenn du zum
Schluß nicht deine Rede gehalten hättest, ich meine, ohne diese bombi-
ge Rede …«

»Welche Rede?«

»Na, deine Rede an Hiob. ›Weißt du, Hiob, wann es Zeit ist, die Hindin
zu schwängern?‹ – diese Rede. Eine ganz großartige Rede. Also ich habe
sie jedenfalls gemocht. Ehrlich.«

»Die Hindin?« fragte Gott nachdenklich.

»Nein, deine Rede.«

»Nicht: die Hündin?«

Der Teufel schaute verwundert auf. »Welche Hündin denn?«

Gott nippte mißmutig an seinem Rotwein. »Ich könnte schwören, daß
ich von einer Hündin geredet habe und nicht von einer Hindin.«

»O doch! Hindin!« versicherte der Teufel. »Weißt du die Zeit, wann die

Gemsen auf den Felsen gebären? Oder hast du gemerkt, wann die Hindin schwanger geht«, fuhr er rezitierend fort. »Hast du gezählt ihre Monden, wenn sie voll werden? Oder weißt du die Zeit, wann sie gebiert?«

»Sie beugen sich«, fiel nun auch Gott ein, »lassen aus ihre Jungen und werden los ihre Wehen. Ihre Jungen werden feist –« für einen Moment wußten beide nicht weiter, nachdenklich blickten sie auf das Backwerk. »Und immer feister und immer feister«, schlug der Teufel vor, doch nun war es an Gott, ihm auf die Sprünge zu helfen: »Feist und groß im Freien und gehen aus und kommen nicht wieder zu ihnen … So habe ich zu Hiob geredet! Genau so! Ich habe ihn die schwierigsten Sachen gefragt, und er hat alle Antworten gewußt, alle! So einer war er, mein Knecht Hiob! Alles hat er gewußt, einfach alles!«

Gott wäre wohl noch länger so fortgefahren, hätte nicht ein eigenartig gequälter Gesichtsausdruck des Teufels ihn plötzlich veranlaßt, »Ist was?« zu fragen.

»Nicht der Rede wert«, beeilte sich der Teufel zu versichern. »Nur …«

»Nur?«

»Nur, daß es sich genau umgekehrt verhielt.«

»Umgekehrt?«

»Oder andersrum«, sagte der Teufel mit einem etwas verrutschten Lächeln. »Oder nein, doch umgekehrt. Ich meine: Hiob wußte nichts.«

»Nichts?«

»Aber so erinnere dich doch«, beschwor der Teufel sein Gegenüber. »Hiob hatte sein Unglück beklagt, und du wolltest ihm beweisen, wie unverständig er war. Mittels deiner Rede. Einer ganz, ganz großartigen Rede übrigens. Schon der Einstieg …«

»Ach ja, der Einstieg«, erwiderte Gott zögernd. »Der Einstieg …« Einen Augenblick lang schwieg er. »Welcher Einstieg?« brüllte er plötzlich.

»Der zu deiner Rede. Dein Rede-Einstieg, um es kurz zu sagen.« Der Teufel erhob seine Stimme: »Wer ist der, der den Ratschluß verdunkelt mit Worten ohne Verstand? Gürte deine Lenden wie ein Mann, ich will dich fragen, lehre mich!«

»Sag mal – wie redest du eigentlich mit mir?« fragte Gott verblüfft.

»Aber so hast doch du mit Hiob geredet!«

»Ich?«

Schon wollte der Teufel abermals nach abschwächenden oder doch beschwichtigenden Formulierungen suchen, als Gott ihn unerwartet der Mühe enthob.

»Ja! Ich!« rief er strahlend aus. »So einer war ich! Hundert Fragen habe ich dem Hiob gestellt, und nicht eine hat er beantworten können, der Nichtsnutz! Nicht eine! Ich fragte: ›Wer bereitet dem Raben die Speise, wenn seine Jungen zu Gott rufen und fliegen irre, weil sie nichts zu essen haben?‹ Und was antwortete Hiob? Na?«

In gespieltem Unwissen zuckte der Teufel fast überdeutlich die Achseln.

»Nichts?« fragte er dann scheinheilig.

»Nichts!« erwiderte Gott mit Nachdruck. »Und was, meinst du, wußte Hiob auf die folgende Frage zu antworten: ›Meinst du, das Einhorn werde dir dienen und bleiben an deiner Krippe?‹ Nun?«

Der Teufel hielt prüfend das Cognac-Glas gegen die tiefstehende Sonne.

»Doch nicht etwa nichts?« murmelte er zögernd, wobei sein »nichts« gar nicht mehr zu hören war, da es vollständig von dem triumphierenden »Nichts!« Gottes übertönt wurde: »Gar nichts! Und auf meine Frage nach dem Strauß – überhaupt nichts! Auf meine Frage: ›Kannst du dem Roß Kräfte geben oder seinen Hals zieren mit einer Mähne?‹ Wieder nichts! Oder als ich ihn über Behemoth und Leviathan ausfragte –«

»Worüber?« fragte der Teufel verwirrt.

»Nilpferd und Krokodil nennt man die heute wohl«, erläuterte Gott.

»Ach ja, richtig«, sagte der Teufel. »Und? Was war da?«

»Nichts, nichts und wieder nichts!« schnaufte Gott begeistert.

»Was ja nicht gerade viel ist!« stimmte der Teufel mit ein.

»Äußerst wenig!« rief Gott glühend.

»So gut wie gar nichts!« übertrumpfte ihn der Teufel.

»Sag ich doch: Nichts, nichts und wieder nichts!«

Für eine Weile schien es so, als hätte Gott das letzte Wort behalten. Der Teufel brummte zwar noch etwas von »Das muß gefeiert werden«, hob auch prostend das Glas, doch dann blickten beide schweigend in die Abendröte, die sich bereits anschickte, der beginnenden Nacht zu weichen.

»Was macht unser Bürstelfreund eigentlich?« sagte Gott plötzlich in die Stille und darauf: »Nein, das gibt's doch nicht!«

»Was?« Der Teufel hatte etwas Mühe, Gottes Zeigefinger zu folgen, aber dann sah auch er den jungen Mann. Der saß nun neben dem jungen Mädchen, doch sie auf einer Couch, während er auf einem Sessel Platz genommen hatte und gerade die Seiten eines großformatigen Buches umblätterte, welches auf dem niedrigen Glastischchen lag, umgeben von einer Teekanne, zwei Teetassen und einem Aschenbecher. Daß Hockney sich ständig um neue Formulierungen des Themas ›Wasser‹ bemüht habe, erläuterte der Umblätternde, bei diesem Bild hier handle es sich um eine extrem unnaturalistische Umsetzung, geradezu abstrakt-dekorativ in seiner betonten Linienführung, das werde besonders deutlich, wenn man es mit ›A bigger splash‹ vergleiche – worauf der junge Mann etwas nervös hin und her blätterte, bis er das Bild mit dem Sprungbrett und dem sehr realistisch aufschäumenden Wasser gefunden hatte –: Da!

»Läuft wohl nicht viel mit Bürsteln«, sagte der Teufel, wobei er allerdings jeden rechthaberischen Tonfall vermied.

»Sieht nicht danach aus …« Stirnrunzelnd beugte sich Gott abermals vor. »Sieht ganz und gar nicht danach aus …« Geistesabwesend starrte er auf den Teufel. »Dabei hätte ich schwören mögen; daß er sie bürsteln würde …«

Nun war es bereits so dunkel, daß die ersten Sterne sichtbar wurden.

»Wie heißt er eigentlich?« Gott schaute sich ruckartig um, doch da war niemand, der ihm hätte Auskunft geben können.

»Mir –«, begann der Teufel.

»Mir? Seit wann heißt jemand Mir?« fragte Gott überrascht.

108

»Nein, nein – mir war so, als habe das Mädchen den Mann vorhin Ewald genannt«, sagte der Teufel, der noch versuchte, ein rasches »Prost auch« anzuhängen, doch so weit kam er gar nicht, denn »Ewald?« sagte Gott und »Ewald!« und dann »Mein Knecht Ewald!« und schließlich, nun schon voller Begeisterung: »Ewald! Das ist mein Knecht Ewald, an dem ich Wohlgefallen habe. Andere mögen meine Gesetze mißachten, ihre Tage sind ein Rauch, und ihre Nächte verbringen sie beim Bürsteln, eine Trauer sind sie mir und ein Ekel, doch da ist einer, der hat seinesgleichen nicht im Lande, der ist schlicht und recht, gottesfürchtig und meidet das Böse – mein Knecht Ewald!«

»Nu na, nu na«, wollte der Teufel zu bedenken geben, irgendwie ging ihm das alles zu rasch; doch da haute Gott feierlich auf den Tisch und fragte: »Willst du ihn nicht versuchen?«

»Wen?«

»Ihn da. Meinen Knecht Ewald.«

»Aber warum denn?« stammelte der Teufel verblüfft.

»Warum hast du denn meinen Knecht Hiob versucht?«

»Aber das war doch was ganz anderes!«

»War genau dasselbe!« Noch immer hämmerte Gott auf den Tisch, doch nun bereits in einem fordernden, fast wütenden Rhythmus. »Knecht ist Knecht. Da wird man schon mal verlangen können, daß er auch in schweren Zeiten zu mir hält.«

»Immer ich!« Der Teufel seufzte auf.

»Wer sonst?«

»Und wie stellst du dir das Versuchen vor?« wollte der Teufel wissen.

»Bin ich der Versucher oder du?« fragte Gott barsch zurück. »Nimm ihm irgendwas weg. Zum Beispiel seine Frauen.«

»Aber er hat doch gar keine.«

»Dann seine Söhne!«

»Hat doch nicht mal Frauen!«

»Dann seine Herden«, verlangte Gott, nachdem er den Gedanken an Töchter selbst verworfen hatte.

»Seine Herden!« Der Teufel griff in gespielter Verzweiflung zur Flasche. »Mitten in der Großstadt?«

»Dann eben seine Herde!«

Der Teufel sah Gott lauernd an, doch in dessen gerötetem Gesicht war kein Augenzwinkern zu entdecken. Daher schien es ihm geraten, einen sachlichen Tonfall anzuschlagen: »Es ist kaum denkbar, daß der junge Mann mehr als einen Herd besitzt, ja selbst dies möchte ich in aller Offenheit bezweifeln, da er ja zur Untermiete wohnt und –«

Gott, der während dieser Ausführungen wie abwesend in die Luft gestarrt hatte, riß plötzlich die Augen auf und sah den Teufel groß an: »Du wirst ihm doch wohl noch irgendwas wegnehmen können? Oder?!«

Der Teufel tat so, als denke er nach. Weshalb war alles immer so schwierig? Warum war sein Glas schon wieder leer? Wieso mußte ausgerechnet er immer in solch ungemütliche Situationen geraten?

»Na?« fragte Gott.

In seiner Verwirrung fiel dem Teufel nichts Besseres ein, als abermals angeregt auf die Erde hinabzublicken und aufs Geratewohl »Oha! Oha!« zu sagen. Doch diesmal hatte er Glück.

»Ist was?« fragte Gott sich vorbeugend. »Das darf doch nicht wahr sein!« schrie er sodann und schließlich: »Welch eine Ratte! Schau dir doch nur diese Ratte da an!«

»Welche Ratte denn nun schon wieder!?« seufzte der Teufel, während er angestrengt in alle Richtungen blickte. Warum war da unten alles so undeutlich? Wieso wirkte alles derart verschwommen?

»Na, welche Ratte wohl?« Gott deutete erregt zur Erde. »Mein Bürstelknecht Ewald natürlich, wer denn sonst?«

»Bürstelknecht?« Doch nun sah der Teufel es auch: Nicht länger saßen der junge Mann und das Mädchen auf getrennten Möbeln, sondern auf der Couch. Kein Kunstband lag aufgeschlagen vor ihnen, eine entkorkte Flasche und zwei Gläser hatten seinen Platz eingenommen. Nicht mehr um Hockney drehten sich die Reden des jungen Mannes, sondern darum, wie denn das Ding da aufzukriegen sei, womit er offensichtlich den Büstenhalter meinte, an dessen rückwärtigem Teil seine Hände sich unter dem Pullover des Mädchens zu schaffen machten, ohne jedoch auf die erwarteten Haken und Ösen zu stoßen.

»Vielleicht will er ihr lediglich … also den Rücken … wollen mal sagen … kraulen?« fragte der Teufel halbherzig, doch Gott, der bereits zu einer hohnlachenden Antwort hatte ansetzen wollen, wurde dieser Mühe durch das Mädchen enthoben, das plötzlich entschlossen seinen Pullover abstreifte und vor den verwunderten Augen des jungen Mannes – sowie denen der beiden anderen, ihr verborgenen Zuschauer – den Büstenhalter dort aufhakte, wo der junge Mann auf Grund seiner bisherigen Erfahrungen zuallerletzt angesetzt hätte, vorne nämlich, da, wo sich zwischen den Körbchen ein von einer Textilblume verdeckter Verschluß befand.

Für einen Moment schwiegen alle vier, das Mädchen lächelnd, der junge Mann verblüfft, Gott mit einem triumphierenden Seitenblick auf den Teufel, und der mit gespielter Betretenheit. Doch als der junge Mann das zu tun begann, was nach Lage der Dinge unausweichlich zu tun war, wandte sich Gott brüsk vom Ort des Geschehens ab, entriß dem Teufel die Cognac-Flasche, stellte sie knallend auf den Tisch und fragte: »Wie spät haben wir es eigentlich?«

»Nacht«, sagte der Teufel und deutete mit einer schwankenden Handbewegung auf die Sterne, die bereits seit einiger Zeit in vollständigem Glanze erstrahlt waren.

»Vor zehn oder nach zehn?« fragte Gott hart. Der Teufel musterte verlegen das Firmament. Wieso wackelten die Sterne eigentlich so? »Um zehn«, sagte er schließlich, um überhaupt was zu sagen.

»Um zehn …« Gott überlegte etwas, dann erhob er sich derart plötzlich, daß der Teufel Mühe hatte, das Tischchen und die Flaschen vor dem Umstürzen zu bewahren. »Ich muß noch einmal mit meinem Knecht Ewald reden«, sagte Gott erläuternd und wollte sich bereits zum Gehen wenden, als der Teufel, welcher unvermutet den, wie er sagte, bisher doch sehr netten Abend in Gefahr sah, plötzlich zu unerwarteter Eloquenz und Überzeugungskraft auflief.

Ob es denn nötig sei, daß Gott selber bei seinem Knecht vorspreche, gab er zu bedenken. Ob er damit nicht irgendeinen Stellvertreter auf Erden beauftragen könne? Nein, nicht den Papst, räumte er auf eine entsprechende Gegenfrage Gottes ein, bis der sich von Rom aus in Trab gesetzt habe, nein, nein, er denke da an irgend jemanden aus der Nachbarschaft des jungen Mannes, irgendein Nachbar könnte doch genauso gut in seinem, Gottes, Namen zu ihm da unten reden, etwa die – der Teufel überlegte kurz, dann schaute er Gott aus kleinen, aber glänzenden Augen an – die Zimmerwirtin. Die habe doch ohnehin darüber zu wachen, daß in ihren vier Wänden der – nennen wir es ruhig einmal so – Unzucht keinen Vorschub geleistet werde, nach zehn dürfe sie daher jederzeit nach dem Rechten sehen, Gott brauche also lediglich seinen Geist über sie auszugießen, den Rest werde diese – und nun riß es den Teufel fort – ebenso prächtige wie gottesfürchtige Frau sicherlich zur vollsten Zufriedenheit abwickeln, sie aber, und damit meine er jetzt den Gastgeber und sich – doch nun verstummte er, da Gott sich ächzend in den Sessel fallen ließ und eine Weile nachdenklich auf die Tischplatte starrte.

»Die Wirtin?« sagte er schließlich. »Name?«

»Reinig«, antwortete der Teufel, welcher so geistesgegenwärtig gewesen war, sich das kleine Blechschild an der Wohnungstür zu merken.

»Liegt wahrscheinlich schon längst im Bett«, brummte Gott mißmutig.

»Nein, nein, sie wischt gerade noch einmal die Küche auf«, versicherte der Teufel. »Da!«

»Tatsächlich.«

Eine Weile schauten beide der älteren Frau dabei zu, wie sie durch die bereits blitzblanke Küche schlurfte und gedankenverloren mit einem befeuchteten Lappen über Flächen, Bleche und Rohre fuhr, dann lehnte sich Gott zurück. »Wenn du meinst«, sagte er gedehnt, und mit diesen Worten goß er seinen Geist über Frau Reinig aus.

Am nächsten Tag begegnete der Kunstgeschichtestudent Ewald S. in der Mensa seinem Freund, dem Psychologiestudenten Peter M., welchen er mit der Behauptung, er müsse ihm unbedingt etwas erzählen, an einen der unbesetzten Tische zog, um ihm überstürzt folgendes mitzuteilen: Also er, Ewald, habe gestern abend die Gesine, ja, die kleine Anglistin, abgeschleppt, alles sei auch schon prima gelaufen, als plötzlich kurz nach zehn die Wirtin an die Tür geklopft habe. Nein, nein, nicht um Damenbesuch nach zehn sei es ihr gegangen, ja, ja, das wisse er, daß das kein Straftatbestand mehr sei, nein, sie habe vielmehr – aber hoffentlich kriege er das alles noch zusammen, was sie da zusammengeredet habe. Also erstmal habe sie ihn aufgefordert, seine Lenden zu gürten wie ein Mann – möglicherweise habe er beim Öffnen bereits einen etwas derangierten Eindruck geboten –, dann habe sie ihn gebeten, sie zu belehren, worauf ein Wasserfall von Fragen gefolgt sei, die ihm auch jetzt noch, Stunden darauf also, nicht aus dem Kopf gingen. Ob er, Ewald, die Bande der sieben Sterne zusammenbinden oder das Band des Orion auflösen könne. Oder: Wer dem Platzregen seinen Lauf ausgeteilt habe. Oder: Ob er vernommen habe, wie breit die Erde sei. Dann habe es Frau Reinig plötzlich mit den Tieren gehabt. Um Gemsen sei es gegangen, um irgendeine Hindin und um Raben. Dann habe sie des längeren vom Strauß erzählt, dessen Fittich sich fröhlich hebe, der aber seine Eier in der heißen Erde vergesse, da Gott ihm die Weisheit genommen und keinen Verstand zugeteilt habe, und welcher – also der Strauß immer noch – zu der Zeit, da er hoch auffahre, beide verlache, Roß und Mann. Schon wollte der Freund zu Erklärungen ansetzen, schon hatte er den Begriff »Klassische Paranoia« in den Redefluß des erregten Kommilitonen geworfen, als der ihn um Ruhe bat, er müsse zuerst noch den Rest der Ausführungen seiner Wirtin loswerden – soweit er sie überhaupt noch zusammenbekomme. Ja! Da sei es dann längere Zeit um das Nilpferd gegangen, dessen Schwanz sich recke wie eine Zeder und das den Strom in sich schlucke, ohne es groß zu achten, dann aber habe Frau Reinig plötzlich das Thema gewechselt und ihn gefragt, ob er das Krokodil mit dem Hamen ziehen könne und seine Zunge mit einer Schnur fassen. Um sie zu besänftigen, und auch aus Rücksicht auf Gesine – die saß doch die ganze Zeit halbnackt auf der Couch! – habe er diese Fragen strikt verneint, doch die Wirtin sei zu weiteren, immer anzüglicheren Fragen übergegangen, etwa der, ob er mit dem Krokodil wie mit einem Vogel spielen oder es für seine Dirnen anbinden könne. Ob er es wagen würde, die Kinnbacken seines Antlitzes aufzutun – nein! nicht meine, die des Krokodils! – von dem die Frau Reinig noch gesagt habe, ja, wörtlich: Schrecklich stehen seine Zähne umher.

Und das sei nicht alles gewesen, fuhr Ewald beschwörend fort, die Frau habe dem Krokodil noch einen Mund voller feuriger Fackeln angedichtet und ein Herz so hart wie ein unterer Mühlstein, und unten an ihm seien scharfe Scherben, es fahre wie ein Dreschwagen über den Schlamm, und auf Erden sei seinesgleichen niemand, es verachte alles, was hoch ist, es sei ein König über alles stolze Wild – ausgerechnet das Krokodil!

Und dann?

Dann sei die Wirtin auf einmal verstummt und wieder weggeschlurft, doch mit Gesine sei natürlich nichts mehr gelaufen, die habe nach dem ganzen Terror sofort nach Hause gewollt, und er habe sie unter diesen Umständen natürlich auch weder zum Bleiben bewegen können noch wollen – die wahnsinnige Wirtin hätte ja jeden Moment wiederkommen und zu noch handgreiflicheren Belästigungen übergehen können.

Nachdem er bedenklich die Stirn gekraust hatte, stellte der Freund einige gezielte Fragen, dann entwickelte er aus dem Stand mehrere Hypothesen, die schließlich in einer einzigen, der des Sexualneides zusammenliefen, zu deutlich hätten sich Begriffe durch ihre Reden gezogen wie Lenden, Eier, Schwanz, Hamen – was immer das konkret bedeute –, und vor allem seien ihm die häufigen Anspielungen auf jenen ominösen »Unten«-Bereich aufgefallen, die Frau Reinig wiederum sämtlich dem Krokodil – übrigens ein sicher nicht zufällig sehr schwanzbetontes Tier! – zugeordnet habe, all diese merkwürdigen Mühlsteine und Scherben, welche zweifelsfrei darauf schließen ließen, daß Frau Reinigs Sexualneid in einer tiefen Sexualangst wurzele.

»Nun hör dir doch diese Ratte an«, sagte Gott und stieß den immer noch schlafenden Teufel in die Seite. Der schreckte hoch und blickte aus sehr kleinen, sehr geröteten Augen auf leere Teller, verwüstete Kuchen, umgestürzte Gläser und halbvolle Flaschen, sodann, angestrengt den Kopf hebend, auf sein Gegenüber, das, bereits wieder hellwach und zürnend, auf die Erde deutete. »Welch eine Ratte!« wiederholte er voller Ingrimm. »Welch eine bodenlose Ratte!«

»Er wird sie doch nicht immer noch bürsteln?« fragte der Teufel verstört, während er verzweifelt versuchte, Gottes Fingerzeig zu folgen. »Nicht doch«, schrie er fast. »Er bürstelt sie in der Mensa? Aber nein«, fuhr er erleichtert fort, »dein Knecht Ewald redet ja nur mit jemandem. Sieht eigentlich ganz nett aus.«

»Wer?«

»Na, der da. Sein Gesprächspartner.«

»Der?« Gott lachte höhnisch auf. »Siehst du denn gar nicht, was der mit meinem Knecht Ewald vorhat?«

»Hat der was mit ihm vor?« Der Teufel riß die Augen auf und bemühte sich, ein Höchstmaß an Aufmerksamkeit an den Tag zu legen. Wenn ihm nur nicht immer der Kopf so hinabgesunken wäre. Warum sank ihm eigentlich der Kopf immer so hinab? »Will er ihn etwa – bürsteln?« fragte er noch, bevor sein Kopf wieder auf der Tischplatte aufschlug.

»Bürsteln? Ach was! Schlimmer! Viel schlimmer! Wenn ich mich nicht sehr täusche, dann ist der gerade dabei, meinen Knecht Ewald zu versuchen!« sagte Gott schneidend.

»Versuchen? Von deinen Gesetzen abbringen und so?« Der Teufel schien betroffen. »Aber das ist doch eigentlich meine Aufgabe!« versuchte er mit einem Rest von Würde zu sagen. Wenn er nur seinen Kopf vom Tisch bekommen hätte! Wieso bekam er eigentlich nicht seinen Kopf vom Tisch?

Gott lehnte sich zurück und blickte prüfend auf den Teufel, welcher schon wieder damit begonnen hatte, unüberhörbar vor sich hin zu schnarchen. »Nicht mehr lange«, schien sein Betrachter zu denken, »nicht mehr lange!« Doch hier sollte die Geschichte wohl besser schließen, denn wer darf schon von sich behaupten, er kenne sich aus in Seinen Gedanken?

Hiob im Diakonissenkrankenhaus

Ihr habt mir tags von Gott erzählt,
nachts hat mich euer Gott gequält.

Ihr habt laut eures Gotts gedacht,
mich hat er stumm zur Sau gemacht.

Ihr habt gesagt, daß Gott mich braucht –
braucht Gott wen, den er nächtens schlaucht?

Ihr habt erklärt, daß Gott mich liebt –
liebt Gott den, dem er Saures gibt?

Woran ich glaube

Nachtschwester Regina,
Koreanerin, glaubt an Gott.
Zu den Tabletten
legt sie gern Traktate,
in denen ihr Gott
Leid nicht stillt, sondern abgreift.
Da glaub ich doch lieber an Nachtschwester Regina!

Choral

O Herre Christ, erbarm!
Ich bin voll Stimmen.
Von guten Stimmen voll,
doch voller noch von schlimmen.

O Gotteslamm, zur Hilf!
Ich glaub, die schlimmen
tun eben grad
die guten überstimmen!

O Gott, du Schaf, zu spät!
Nur eine Stimme
spricht fürder noch aus mir:
Die stolze.

Finger weg

Nun soll man ja nicht fragen:
Mein Gott, wer bist dann du?

»Ich bin das gänzlich Andere,
das wortentrückt Besandere,
stand stets und steh auch hier und jetzt
hoch über Sprach- und Reimgesetz,
so durch und durch besonders:
Noch anders bin ich onders.«

Nein, man soll ja nicht fragen …

Jakobinischer Wandersmann

I
In Engelszungen sang
der schlesische Cherub.
Wer fällt ihm hier ins Wort?
Ein Mensch? Der Beelzebub?

II
Mensch, rede nicht von Gott.
Was ist von Gott zu sagen?
Er siegte, sah und kam,
um uns ans Kreuz zu schlagen.

Mensch, werd' vor Gott nicht weich,
denn Gott ist mit den Harten.
Kaum wurde Adam bleich,
schon flog er aus dem Garten.

Vor Gott ist alles eins.
Sein Nehmen ist ein Geben:
Er gibt den Tod und nimmt
im Gegenzug das Leben.

Mach dir nur einen Reim
auf beide, Mensch und Gott:
Du findest kein' auf Mensch
und erntest für Gott Spott.

122

Ihr Menschen, lernet doch
von Wiesenblümelein:
Gott hat euch ausgesät,
und ihr geht dennoch ein.

Die Ros' ist ohn' Warum,
kein Zweifel an ihr naget,
denn da ist ja der Mensch,
der ihr das Darum saget.

Wo Gott ein Feuer ist,
so ist mein Herz ein Herd,
auf welchem er sein Supp'
kocht, abschmeckt und verzehrt.

Warum daß Gottes Geist
wie eine Taub' erscheint?
Er tut's, weil er damit
den Fuchs zu tarnen meint.

Gott ist mein Stab, mein Licht,
mein Pfad, mein Ziel, mein Hirt,
mein Kind, das all das glaubt
und darob selig wird.

Gott spricht nur immer Ja,
der Teufel immer Nein:
Drum ist der Mensch verdammt,
der Schiedsrichter zu sein.

Nichts dünkt mich hoch zu sein,
ich bin das höchste Ding,
weil auch Gott ohne mich
sich selber ist gering.

III
»Mensch werde wesentlich« –
wer solches sagt, der irrt.
Er sorge vielmehr, daß
sein Wesen menschlich wird.

124

Aus dem Lieder- und Haderbüchlein des Robert G.

SCHULDCHORAL I

O Robert hoch in Schulden
vor Gott und vor der Welt!
Was mußt du noch erdulden,
bevor dein – nein, nicht Gulden –,
bevor dein Groschen fällt?

Dein Groschen war einst golden,
nun ist er eitel Blei.
Und mit dem Kind, dem holden,
dem Frühling und den Dolden
ist es schon lang vorbei.

Spiel also nicht den Helden,
der noch auf Unschuld hält.
Schuld muß der Mensch vergelden.
Wann dürfen wir vermelden,
daß auch dein Groschen fällt?

GEH AUS MEIN HERZ ODER
ROBERT GERNHARDT LIEST PAUL GERHARDT
WÄHREND DER CHEMOTHERAPIE

Geh aus mein Herz und suche Leid
in dieser lieben Sommerszeit
an deines Gottes Gaben.
Schau an der schönen Gifte Zier
und siehe, wie sie hier und mir
sich aufgereihet haben.

Die Bäume stehen voller Laub.
Noch bin ich Fleisch, wann werd ich Staub?
Ein Bett ist meine Bleibe.
Oxaliplatin, Navoban,
die schauen mich erwartend an:
Dem rücken wir zuleibe.

Die Lerche schwingt sich in die Luft.
Der Kranke bleibt in seiner Kluft
und zählt die dunklen Stunden.
Die hochbezahlte Medizin
tropft aus der Flasch' und rinnt in ihn.
Im Licht gehn die Gesunden.

Die Glucke führt ihr Völkchen aus.
Der Mensch verfällt im Krankenhaus
ganz lärmbedingtem Grimme.
Des Baggers Biß, der Säge Zahn,
die hören sich viel lauter an
als jede Vogelstimme.

Die Bächlein rauschen durch den Sand.
Wie gern säß ich an ihrem Strand
voll schattenreicher Myrten.
Die Wirklichkeit liegt hart dabei.
Sie ist erfüllt vom Wehgeschrei
der Kranken und Verwirrten.

Die unverdroßne Bienenschar
nimmt summend ihren Auftrag wahr
und nascht an jeder Blüte.
Mir brummt der Kopf, mir taubt die Hand,
statt süßem Duft füllt wüster Sand
mir Seele und Gemüte.

Der Weizen wächset mit Gewalt.
Ich aber fühl mich dürr und alt,
das Weh verschlägt mirs Loben
des, der so überflüssig labt
und mit so manchem Gut begabt:
Des hohen Herrn da oben.

Ich selber möchte nichts als ruhn.
Des großen Gottes großes Tun
ist für mich schlicht Getue.
Ich schweige still, wo alles singt
und lasse ihn, da Zorn nichts bringt,
nun meinerseits in Ruhe.

VON FALL ZU FALL

Herrgott! Ich fiel aus deiner Hand
grad in des Teufels Krallen.
Doch hör! Der kleine Unterschied
ist mir nicht aufgefallen.

FRAGE UND ANTWORT

»Warum muß das alles sein?«
Wer so fragt? Das arme Schwein.
Was das kluge Schwein erwidert?
»Robert, wirst halt ausgegliedert.«

TROTZ

Robert, ach du Armerchen,
dein Gott ist kein Erbarmerchen,
dein Gott ist eine Geißel.
Drum, Robert, stell den Jammer ein.
Dein Gott will dir ein Hammer sein?
Dann sei ihm, Robert, Meißel.

SCHULDCHORAL II

O Robert hoch in Schulden
Vor Gott und vor der Welt,
Was mußt du noch erdulden,
Bevor dein Groschen fällt?
Durch Speien und durch Kotzen,
Läßt der sich nichts abtrotzen,
Der auch dein Feld bestellt.

Dein Feld trägt lauter Dornen
Und Disteln ohne End.
Wie um dich anzuspornen:
Du hast genug geflennt.
Beim Rupfen und beim Jäten
Läßt der wohl mit sich reden,
Den man den Varer nennt.

Dein Vater starb im Morden,
Da warst du noch ein Kind.
So bist du nicht geworden,
Wie andre Menschen sind.
Und mußt dich doch ergeben,
Du hast nur dieses Leben.
Mach also nicht so'n Wind.

Gespräch des Geschöpfs mit dem Schöpfer

»Schier sechzig Jahr auf deiner Welt –
bekomme ich jetzt Schmerzensgeld?«

»Mein Kind, mir geht dein Wunsch zu Herzen:
Geld hab ich keins. Doch kriegst du Schmerzen!«

Das Elend hat viele Namen

Sechster Dezember

Das ist der Nebel, aus dem Zombies steigen.
Heut ist der Tag der schattenlosen Schemen.
Sie kommen aus dem blanken Nichts und nehmen
all deine Lebenskraft. Die Blätter fallen.

Noch schreist du: Nein! Bald wirst du geifernd lallen,
nun Teil des Hungerzugs der Ungestalten,
nicht festzustellen und nicht aufzuhalten,
so weit der Nebel reicht. Die Vögel schweigen.

Fototermin

Der Gernhardt wird fotografiert!
Viele Fotos macht man vom Gernhardt!
Der Gernhardt zeigt sich von seiner besten Seite!
Dank sagt der Fotograf dem Gernhardt!

Abends aber in der Dunkelkammer
überkommt ihn nie gekannter Jammer.
Schluchzend schaltet er den Leuchttisch aus.

Was er sah? Man wird es nie erfahren.
Nicht vom Fotografen. Schon seit Jahren
hütet er die Zunge und das Haus.

Nächtens aber ist es ihm, als riefe
jemand: »Rette mich!«
Jemand in dem Schrank der Negative.
Und es schüttelt ihn.

Kindheit

An Wasserläufen gehen Kinder entlang, die Verwünschungen ausstoßen. Die Schatten noch fast unbelaubter Bäume werfen ein Netz über sie. Die Eltern folgen in gehörigem Abstand, erfüllt von einer wärmenden Gewißheit. Die entkommen uns nicht.

Selber im Netz, führen sie Gefangene spazieren. Selber gefangen, spielen sie sich als Wärter auf.

Am Teich schließlich fand man die Eltern in unguter Haltung. In ihren Mundwinkeln blühte ein Rot, das der Jahreszeit weit voraus war. Die Kinder hockten nicht weit von ihnen und gaben vor, Abzählverse zu murmeln:

Stripp, strapp, strull, wir haben die Brücken abgebrochen. Strull, strapp, stripp, von nun ab machen wir, was wir wollen.

Die Ursprache

Auf einer Reise vor einigen Jahren kam ich nach Düsseldorf. Da ich wenig Geld hatte, beschloß ich, einen Freund aufzusuchen, der hier irgendwo wohnen mußte. Ich fand seine Adresse im Telefonbuch und fuhr hin. Er wohnte in einem Wohnblock, ich klingelte, der elektrische Öffner summte, ich trat ein. Mein Klassenkamerad hatte die Tür seiner Wohnung geöffnet und schaute mich an, als ich aus dem Fahrstuhl stieg.
»Grüß dich, Frederic«, sagte ich. Er legte Wert darauf, so genannt zu werden, das wußte ich noch von der Schule her.
»Hallo, Dieter«, sagte er, »so eine Überraschung.« Ich erklärte ihm meine Lage, und er bat mich, einzutreten.
»Störe ich sehr?« frage ich. »Ach nein, gar nicht«, antwortete er. »Willst du etwas essen und einen Schluck Bier?«
Ich wollte.
Frederic kramte eine Weile in der Küche herum, während ich mich in seinem Arbeitsraum umsah. Er schien fleißig zu sein, Bücher lagen herum, beschriebenes Papier, auf einem Tisch stand ein Tonbandgerät. Leise surrend lief das Band, aus einem Lautsprecher in der Ecke des Zimmers klangen langsam Laute, die ich nicht verstand, sie waren kehlig und kurz. Ich erinnerte mich, daß mir jemand gesagt hatte, Frederic sei unter die Linguisten gegangen. In Sprachen hatte er schon auf der Schule geglänzt.
Er erschien mit belegten Broten und einigen Bierflaschen, räumte einen kleinen Tisch leer und stellte den Teller drauf.
»Bedien' dich bitte«, sagte er und öffnete eine Bierflasche. »Ach, das Band läuft ja noch.« Er stellte es ab.
Ich aß und schaute aus dem Fenster. Draußen hatte es angefangen zu regnen, es wurde dunkel. Ich hatte mit Frederic schon ziemliches Glück gehabt.

»Dir ist es inzwischen nicht schlecht gegangen«, sagte ich. »Mikke behauptet, du hättest eine Zeitlang ein Institut geleitet. Stimmt das?«

»Nicht ganz. Ich war dort angestellt, nicht der Leiter.«

Ich sah mir Frederic genauer an. Er hatte sich wenig verändert, etwas magerer war er anscheinend, und sein Haar begann sich an den Ecken zu lichten. Das war bei den meisten aus meiner Klasse nicht anders. Er mußte nun etwa dreißig Jahre alt sein.

»War das ein Universitätsinstitut, in dem du gearbeitet hast?« Ich stellte die Frage, um das Gespräch in Gang zu halten.

»Nein, es war ein privates.«

»Von der Wirtschaft?«

»Nicht direkt. Eine Gruppe von Privatleuten hat es finanziert. Wieso interessiert dich das?«

Er hatte ganz recht, es interessierte mich eigentlich gar nicht. Aber Frederic hatte ein ziemliches Mitteilungsbedürfnis.

»Seitdem das Institut aufgelöst wurde, lebe ich nun hier«, sagte er etwas unvermittelt. »Ich verwerte die Experimente, die ich dort anstellte.«

»Kommt etwas dabei heraus?« fragte ich höflich.

»Wenn man so will, ja«, antwortete Frederic und lächelte etwas selbstzufrieden.

»Welche Sprachen hast du eigentlich studiert?«

Die Frage gefiel meinem Gastgeber. »Anfangs Latein, Griechisch und Sanskrit, dann einige Sprachen, die du nicht kennen wirst, afrikanische Dialekte und Primitivsprachen. Zum Schluß befaßte ich mich nur noch mit Sprachtheorie und sprachphilosophischen Problemen. Du weißt, worum es dabei geht?«

Ich schüttelte den Kopf. Woher sollte ich es auch wissen. Frederic lächelte, er hatte es wohl nicht anders erwartet.

»Um es grob zu sagen, ich stellte die Frage nach dem Ursprung der Sprache. Die Frage ist alt, aber natürlich konnte sie nur theoretisch behandelt werden, denn die Ursprachen sind nicht mehr erhalten. Und wenn Kinder die Sprache lernen, dann wachsen sie ja in eine entwickelte

Sprache hinein, und lernen das, was ihre Umwelt spricht. Aber es wäre interessant gewesen, zu erfahren, ob Kinder von sich aus eine Sprache entwickeln können, wenn sie keine Anregungen von der Außenwelt empfangen. Die Meinungen der Wissenschaftler waren in diesem Punkt immer geteilt.«

Bei den letzten Worten lächelte er wieder.

»Sind sie es nicht mehr?« fragte ich.

»Die Fachleute streiten sich natürlich immer noch«, antwortete Frederic. »Aber das Problem ist eigentlich gelöst.«

»Auf theoretischem Wege?«

»Nein, auf dem Wege des Experiments.«

Frederic sah mich einen Moment an und meinte dann zögernd: »Ich kann dir die Sache eigentlich erzählen. Das Institut ist schon seit drei Jahren aufgelöst und es macht keinen Unterschied mehr, ob ich sie für mich behalte oder nicht.«

Er stand auf und holte einen Aktendeckel aus seinem Schreibtisch.

»Vor fünf Jahren bekam ich das Angebot, bei dem Institut mitzuarbeiten. So sah es von außen aus.« Er zeigte auf ein Foto, auf dem ein modernes einstöckiges Gebäude zu sehen war.

»Nicht schlecht«, sagte ich. »Wer waren denn deine Auftraggeber?«

Frederic zögerte etwas. »Es war eine Gruppe von Leuten, die einem recht merkwürdigen Glauben anhingen, um ehrlich zu sein, es waren ziemliche Spinner. Ich muß da weiter ausholen: Es gibt eine Theorie über die Sprache, die bis auf die Antike zurückgeht. Sie meint, daß Worte in der Lage sein können, die von ihnen gemeinte Sache selber hervorzubringen.«

Frederic war aufgestanden und redete weiter, indem er auf und ab ging.

»Um es kurz zu machen, die Theorie wurde so gedeutet, daß es eine Ursprache gegeben habe, die der alte Adam sprach. Damals also soll das Wort noch die Fähigkeit gehabt haben, eine Sache selbst hervorzurufen oder zu verändern. In der Renaissance wurde diese Theorie in ganz Europa als Geheimwissenschaft gelehrt, und Jakob Boehme meinte, einige dieser Wörter zu kennen: RA RA RP AM usw., in diesen Buchstaben glaubte er die Geheimnisse Gottes verborgen. Das war natürlich reine Spekulation, aber du kannst dir ja denken, mit welch einer Kraft sich derart verquere Gedanken manchen Menschen aufdrängen können.«

Frederic setzte sich. »Die Leute, die das Institut gründeten, wollten nun mit Gewalt hinter die Ursprache kommen. Ihre Idee war die, einige unschuldige Kinder ohne Beeinflussung von außen aufwachsen zu lassen, dann würden sie die Sprache schon von selbst entwickeln. Friedrich der Zweite, der Hohenstaufe, soll einen ähnlichen Versuch unternommen haben. Er ließ ein Dutzend Waisenkinder von taubstummen Ammen aufziehen – leider ohne Erfolg, denn sie starben, bevor sie ins redefähige Alter kamen. Manche Ärzte behaupten heute, daß ihr früher Tod auf den fehlenden Sprechkontakt zurückzuführen sei, aber diese Theorie ist nach unseren Ergebnissen nicht mehr zu halten. Ich wurde als Sprachwissenschaftler hinzugezogen, um den Versuch auszuwerten. Das waren die Kinder.«

Er zeigte auf ein Foto. Ich sah sechs Kinder, die nebeneinander auf dem Fußboden eines fensterlosen Raumes hockten. Sie waren nackt und schienen etwa 1½ Jahre alt zu sein.

»Eine Wärterin wusch und fütterte sie«, erklärte Frederic, »aber sie sprach kein Wort mit ihnen. Auf diesem Foto sind sie schon größer.«

Es waren dieselben Kinder, die nun auf Stühlchen saßen. Eins hatte einen Ball.

»Das sind Mikrophone«, sagte Frederic und deutete auf einige Punkte in der Wand. »Ich saß oben hinter einer Glasscheibe und beobachtete sie. Alles, was sie lallten, wurde auf Band aufgenommen, und ich versuchte, ein System in ihre Äußerungen zu bringen. Anfangs schien es unmöglich, aber dann wurde es immer einfacher.«

»Sie entwickelten also eine Sprache?«

»Ja, das taten sie. Manchmal stellte ich ihnen einen neuen Gegenstand in den Raum, es war erstaunlich, wie schnell sie einen Namen für ihn fanden. Als sie etwa 2½ waren, begann der Kummer.«

»Was für ein Kummer?«

Frederic schaute mich etwas unsicher an. »Ihre Sprache wurde immer artikulierter, und das hatte unerwartete Folgen. Einmal zerplatzte ein Ball, den ich ihnen am Morgen hereingeworfen hatte, er war noch ganz neu. Dann fand ich Gegenstände im Raum, die ich nicht hineingetan hatte.«

Er zeigte auf ein Foto, auf dem ein verwachsenes holzähnliches Gebilde zu sehen war.

»Es war kein Holz, das glaubte ich anfangs auch. Dann gab es ein leichtes Beben, sieh hier die Risse im Fußboden«, er deutete auf ein anderes Foto, »und schließlich verfinsterte sich der Mond ohne Anlaß.«

»Wieso der Mond?«

»Die Kinder konnten ihn sehen, das Dach war verglast.«

Frederic stand auf und schaltete das Tonbandgerät ein.

»Das war ihre Sprache«, sagte er, und das kehlige Gelallte füllte den Raum. »Auf dem Band sind die Worte wirkungslos.« Er machte eine Pause.

»Nach der Sache mit dem Mond wurde es den Stiftern des Instituts zu riskant, sie lösten es auf. Wir hätten auch wohl Schwierigkeiten bekommen.«

»Und die Kinder?«

»Sie wurden am Kehlkopf operiert, sie richten keinen Schaden mehr an.«

Frederic ging unruhig auf und ab.

»Ich kenne ihre Sprache jetzt, aber ich kann sie nicht richtig aussprechen. Ich weiß nicht, ob ein Erwachsener das jemals lernt. Bei einem Wort klappt es manchmal, paß auf«, er zeigte auf den Porzellanaschenbecher, der vor mir auf dem Tisch stand, und stieß einen gutturalen Laut aus. Das Gefäß schwebte sirrend einige Zentimeter aufwärts, fiel dann zu Boden und zerbrach in mehrere Teile.

»Nicht schlecht«, sagte ich etwas beklommen. »Was kann die Sprache noch?«

Frederic schaltete das Band ab. »Sie kann alles, davon bin ich überzeugt. Die Kinder waren noch zu jung, sonst hätten sie es vielleicht geschafft. Für mich ist es natürlich schrecklich schwer. Aber ich übe ständig, ich habe ja das Band.« Er lächelte glücklich. »Einmal bringe ich es auch noch fertig, die schwierigen Worte auszusprechen. In einigen Jahren bin ich vielleicht schon soweit.«

Wir redeten noch etwas und gingen schlafen. Als ich am nächsten Morgen aufwachte, hörte ich schon das Band durch die Wohnung hallen. Ich schaute in das Arbeitszimmer. Frederic saß mit geschlossenen Augen vor dem Lautsprecher und formte die Worte mit den Lippen nach. Ich fuhr am selben Tage weiter. Seitdem habe ich ein merkwürdiges Gefühl, wenn ich von Erdbeben und plötzlich einstürzenden Gebäuden lese. Einmal glaube ich auch, gesehen zu haben, wie sich der Mond ohne Anlaß verfinsterte. Es kann natürlich auch eine Wolke gewesen sein. Von Frederic hörte ich nur Unbestimmtes. Aus Düsseldorf soll er weggezogen sein. Vielleicht übt er nicht mehr, vielleicht hat er die Sprache jetzt erlernt.

Ein Gespräch im Hotel »Schwarzer Bock«, Ansbach 1993

– Mal wieder auf Achse?
– Es hat ganz den Anschein.
– Mal wieder in Ansbach?
– Das läßt sich nicht leugnen.
– Zum wievielten Male?
– Ich glaube zum vierten.
– Privat? Geschäftlich?
– Ich werde hier lesen.
– Und? Alles beim alten?
– Das kann ich nicht sagen.
– Wie war es denn früher?
– Ich weiß nicht. Anders.

Erstmals kam ich 57 nach
Ansbach.
Schritt hindurch und lachte herzlich in
Ansbach.
Denn an einem Haus im Herzen von
Ansbach
las ich eine Inschrift, die war zu
putzig.

Hier entsproß
August Graf von Platen Hallermünde
Die Tulpe des Deutschen
Dichtergartens

Die Tulpe? Wer war dann die Rose?
Das Veilchen? Der Phlox? Die Mimose?
Die Lilie? Die Dahlie? Der Krokus?
Und wie hieß der Gärtner? Gott Jocus?

– Geht es dir gut?
– Ich kann nicht klagen.
– Könntest du dann nicht zur Abwechslung
– Was?
– Die Wahrheit sagen?
– Worüber?
– Über deinen ersten Besuch in Ansbach zum Beispiel.

Die Stadt lag an der Strecke
Stuttgart – Neuendettelsau.
In Stuttgart hatte ich mein
Kunststudium begonnen.
In Neuendettelsau machte er
sein Erzieherpraktikum.
Beide hatten wir in
Göttingen das Abi gebaut, 56.
Daß ich den Freund besuchte, war
doch wohl Ehrensache:

Als wir uns vorm Wicklesgreuther Bahnhof
trennten, war es früher Sonntagnachmittag.
Hitze draußen, drinnen drei, vier Gäste,
einer davon sichtlich weggetreten.
Während er nach noch mehr Bier verlangte,
plagte mich vor einer Limonade
jene Frage, die der Freund am Vortag
nicht verneint und nicht bestätigt hatte:

Hast du schon mal mit 'ner Frau geschlafen?
Große Frage! Plötzlich Lärm im Gastraum.
Einer greift sich wen, schiebt ihn ins Freie,
auf den Bahnsteig. Oder auf die Gleise?
Ah, zu hell da draußen. Zu belanglos
dies Gekabbel zwischen Wirt und Trinker
vor dem dunklen Grund der Ungewißheit:
Hatte er schon? Werde ich wohl jemals?

Später dann im leeren, heißen Abteil
fand die Hand zum Glied. Mit offnen Augen,
die doch nichts mehr sahn, ging's durch der Gegend
sehr viel Blau und irgendwelche Wolken,
Waldrand hinten, vorne Weizenfelder,
unerheblich wie der Takt der Schwellen,
der jäh abriß. Kreischen. Plötzlich waren
beide Hände voll damit beschäftigt,

Halt zu suchen, bis das alles still stand.
Was war los? Weshalb die Unterbrechung?
Dann die Rufe, halblaut. Türenschlagen.
Amtspersonen springen auf den Schotter.
Fingerzeige. Eilig ab ins Kornfeld.
Dort im Kreis verharrn, gesenkten Kopfes.

Wir im Zug nun alle an den Fenstern,
alle starrn wir auf den Kreis im Kornfeld.
Einer fragt. Ein andrer rätselt. Alle
haben Scheu, die Stimme zu erheben,
dabei sind wir doch nicht in der Kirche.
Aber alle haben wir mitangesehen,
wie da einer was im Kornfeld hochhob,
voller Hast, als sei dies ungehörig,
kaum betrachtet, ließ er es schon fallen,
nicht zu sagen was, bei der Entfernung.

Als wir dann im Bahnhof Ansbach einfuhrn,
wurde die Verspätung kurz bedauert.
Alles ging so rasch, daß ich noch lange
rätselte: Was fielen da für Worte?
War von Stör-, von Unglücksfall die Rede?

– Erzähl ruhig weiter.
– Geht's nicht auf die Nerven?
– Ich hab noch Reserven.
– Für Ansbach zum zweiten?

69 kam ich wieder nach
Ansbach.
Lief umher und kam ins Grübeln in
Ansbach.
Denn im weiten Park des Schlosses von
Ansbach
las ich eine Inschrift, die schien recht
knifflig:

Hic occultus
occulto
occisus est
XIV DEC MDCCCXXXIII

Das stand auf einem Stein
und war ganz klar Latein.
Was da geschehen war,
war freilich nicht so klar.
Bei all dem occ, occ, occ
ging ich ganz schön am Stock,
doch mit Geduld und Spucke
Fing ich auch diese Mucke:

Hier wurde der Verborgene
auf verborgene Weise
getötet
14. Dezember 1833

– Das Opfer war Kaspar Hauser?
– Das begriff ich erst später.
– Und als Opfer fühltest auch du dich?
– Auf jeden Fall nicht als Täter.

149

– Eher als Bruder im Geiste?
– Ich glaubte mich ihm verwandt.
– Verwandt in welcher Hinsicht?
– Unbehaust, ungeliebt, unbekannt.
– Du ein geschichtsloser Schemen?
– Ja.
– Und das soll ich dir abnehmen?

Warum nicht? Ein Unbehauster
war auch ich in jenem Frühjahr,
als die Frau mir anvertraute:
Du, da gibt es einen andern.
Nichts wie weg. Erst kurz vor Würzburg
überlegte ich: Wohin denn?
Amberg? Bamberg? Nürnberg? Bayreuth?
Dann die Flatter hinter Würzburg.
Bis die Abfahrt kam, das zog sich.
Fahr mal, wenn das Herz verrückt spielt.
Runter. Valium. Drei Kreuze.
Das war knapp. Dann wieder Straßen,
Regen, Hinweisschilder, Ansbach.
Ansbach – war ich da nicht schon mal?
Wird schon dunkel. Also Ansbach.

Ansbach also. Zimmersuche.
Ja, das nehm ich. Eilig weiter.
Schießlich muß der Mensch was trinken.
Aber wo? Auf Ansbachs Marktplatz
war nichts los. Doch sehr in Eile
kommt, wer keuchend rennt ins Helle,

stöhnt dabei. Im Licht der Lampen
wirkt er *strange*. Wie hieß denn noch mal
diese Jacke? Und weg war er,
rot und schwarz kariert. Noch als ich
das Lokal betrat, da lag's mir
auf der Zunge. Ja, ein Helles!

Dunkler Abend. Je mehr Helle,
desto düsterer sie alle,
Schankraum, Kellner, Gäste, Zukunft.
Plötzlich kreischt es. In der Tür steht
eine Frau und weist nach oben,
kreischend, daß in ihrem Zimmer
jemand unter ihrem Bett läg',
nie gesehn, und Worte stöhne,
nie gehört. Dann geht die Post ab:
Aus dem Nebenzimmer stürzen
sieben Amis, breit wie Bären,
alle in den gleichen Jacken,
alle mit der gleichen Aufschrift,
alles Judo-Fighter. Alle
sind nur zu bereit zu fighten,
alle rauf. Wir andern warten.
Hören erst mal nichts, dann Flüche,
Klatschen, Winseln, Poltern. Dann ein
Schrei, so markerschütternd elend,
daß sich jedes Haar sträubt. Alle
schaun wir aus der Tür und sehen,
wie da wer im trüben Licht der
Toilette schreit. Im Halbkreis,
fast verlegen, steht die Meute,
deren Anführer zurückblafft.

Alles Amis, auch der Schreier,
offenkundig Opfer eines
derart Übergroßen Schreckens,
daß er selber schreckt. Beklommen
treten wir zurück. Im Gastraum
herrscht erst Schweigen. Dann sagt einer
was von Drogen. Und ein andrer
was von Horror. Und ein dritter will
ein Helles. Und dann läuft der
Film zurück: Die Amibären
kommen wieder rein, verschwinden
nebenan. Ein Krankenwagen
holt wen ab, und als er heulend
losfährt, weiß ich unvermittelt,
wie das hieß, was selbst im trüben
Licht der Toilette unschwer
zu erkennen war, schwarz-rote
kleine Karos, großer Kragen:
Lumberjack! Ja, noch ein Helles!

– Und weiter?
– Was weiter?
– Laß dich nicht bitten.
– Worum?
– Worum wohl?
  Um Ansbach zum dritten.

75 war ich wieder in
Ansbach.
Nicht allein, ich führte nämlich durch
Ansbach.
Doch statt des gesuchten Mordsteins von
Ansbach
fand ich eine Säule, die war echt
goldig:

UZ
Dem Weisen
Dem Menschenfreunde
Seine Verehrer
1825

Uz – wer war denn das schon wieder?
Reimte der nicht treu und bieder,
ein Paradepferd der Richtung
sittlich reifer Schäferdichtung?

– Das tat er. Und der Stein für Hauser?
– Den fand ich am nächsten Tage.
– Wieso überhaupt wieder Ansbach?
– Das ist etwas, was ich mich ebenfalls frage:

Nach Ansbach fährt man nicht,
Ansbach widerfährt einem.
Der noch vor Stunden sagte

»Auf keinen Fall Ansbach«,
erinnert sich beim Aussteigen:
Da drüben bin ich damals abgestiegen.
Der nur drei Schritte gehen wollte,
gerät schrittweise ins Suchen:
Irgendwo steht doch dieser Hauser-Stein!
Der einst in Ansbach gelitten hat,
will es nun gut haben:
Laß uns hier übernachten!

– Frankenfahrt mit der Geliebten!
  Ringsum Juni! Ging es da nicht
  geradewegs durch alle Himmel
  in den herrlichsten, den siebten?

Der geradeste Weg ist manchmal der Umweg.
Für schwache Stunden muß man sich stärken.
Doch war jener Herr an der Seite der Dame
nicht ganz bei der Sache:
Der die Schöne beim Hauptgericht beriet,
dachte schon an den Nachtisch.
Der mit der Lachenden die Nachspeise teilte,
freute sich bereits auf den Heimweg.
Der zum Gehen drängte

– Fieberte dem Bett entgegen?

Das war nicht so einfach
ins Bett zu gelangen.
Erst gings übern Platz,
da stand dieses Pärchen.
Da floß rotes Blut,

das tropfte von seinem
Kopf auf ihr Kopftuch.
Sie hielt ihn, er stöhnte.
Da war was geschehen

– Ein Unfall?
– Ein Unheil.
   Der Anfang vom Ende.
– Weshalb das?
– Ganz einfach.
   Wir kamen nicht vorwärts:

   Sie wollte hinsehn
   Ich wollte wegsehn
   Sie wollte warten
   Ich wollte gehen
   Sie wollte wissen
   Ich wollte weiter
   Sie wollte helfen
   Ich wollte sie

– Und sie?
– Sie schalt mich herzlos.
– Und du?
– Ich schalt sie lieblos.
– Und die?
– Verschwanden spurlos.
– Und ihr?
– Wir wurden uns los:

Die zuvor ein Herz und eine Seele gewesen waren,
waren danach wie Hund und Katze.

Die gemeinsam zu Tisch gesessen hatten,
suchten getrennt das Bett auf.
Die es ersehnt hatten, sich ineinander zu verschränken,
lagen nebeneinander wie Stöcke.
Denen die Nacht zu kurz erschienen war,
konnten den Morgen kaum erwarten.
Die einander nie hatten aus den Augen lassen wollen,
verabredeten, heimgekehrt, kein Wiedersehen.

– Das war es?
– So ist es.
– Kein Nachwort?
– Ein Nachtrag:

Bin seit heute Mittag wieder in
Ansbach.
Fror ein wenig, denn es schneite auf
Ansbach.
Plötzlich auf dem Rundgang durch
Ansbach
fühlte ich mich irgendwie
traurig:

Marktplatz, Altstadt, Parkanlagen,
Platen, Uz und Kaspar Hauser,
alles da und trotzdem alles
so verändert. Schrecklich bieder
all die Bürger. Kein Gehetzter

geistert durch der Einkaufszone
grellen Frohsinn. Keine Trauer
lähmt die Kreglen. Kein Geheimnis
stört die Trinität der Dumpfen:
Friede, Freude, Eierkuchen.

– Jetzt haben wir es dem Bürger aber gegeben!
– Er wird's überleben.
– So, wie wir es überlebt haben?
– Was?
– Das Älterwerden des Knaben.
– Wen meinst du mit diesen Reden?
– Na wen wohl? Alle und jeden:

Jung erschien die Welt ihm so schaurig,
so schrecklich, geheimnisvoll, traurig.
Doch Geheimnis, Schrecken und Schauer
warn in ihm und daher nicht von Dauer.
Heut verspeist er fröhlich und friedlich
seinen Eierkuchen. Man sieht sich?

– Du mußt schon weiter?
– Ich will nicht mehr stören.
– Man sieht sich in Ansbach?
– Wir sehn uns doch dauernd.
– Ich war nicht zu nervend?
– Du warst schon mal schlimmer.
  Viel Glück bei der Lesung!
– Danke. Ich brauch's nicht.

Jammer

Da setzt ein großes Tier sich auf
die Knie deines Herzens
und sagt: Mein Freund, erhebe dich.
Mach ernst. Genug des Scherzens.

Sieh deines Herzens Knie an.
Mein lieber Freund, sie bluten.
Da hört der Spaß auf. Es wird
ernst. Das ist zuviel des Guten.

Da willst du deines Herzens Knie
vom Erdboden erheben.
Da ist das große Tier zu schwer.
So mußt du weiterleben.

Prozeß

Ich war praktisch dauernd bei ihr
Ich bin für alles geradegestanden
Ich hielt ihre Hand, wenn die Anfälle kamen
Ich telefonierte mehr als einmal nach dem Notarzt
Sie hatte es schwer, doch ich hatte es auch nicht leicht –
»Du weißt, daß das nicht reicht.«
Ich weiß.

Ich hätte meine Hand für sie gegeben
Ich habe ihr meine Nächte geopfert
Ich kam selber ganz runter in den Jahren
Ich bin noch heute ziemlich am Boden
Es klingt vielleicht blöd, wenn man das vergleicht –
»Du weißt, daß das nicht reicht.«
Ich weiß.

Ich werde ebenfalls mal sterben
Ich hoffe, dann kümmert sich auch wer um mich
Ich jedenfalls habe mich gekümmert
Ich habe mir nicht das Geringste vorzuwerfen
Schulden tilgt man dadurch, daß man sie begleicht –
»Du weißt, daß das nicht reicht.«
Ich weiß.

Ich war häufig nicht bei ihr
Ich habe mein eigenes Leben gelebt
Ich hielt mich anderswo auf, wenn die Anfälle kamen

Ich telefonierte, um sie auf mein Ausbleiben vorzubereiten
Sie hatte es schwer, und ich machte es mir leicht –
»Du weißt, daß das nicht reicht.«
Ich weiß.

Ich habe meine Hand immer noch
Ich verbringe wieder ungestörte Nächte
Ich habe mich wieder einigermaßen gerappelt
Ich fühle mich wieder ziemlich obenauf
Sterben ist nun mal tief, und leben ist nun mal seicht –
»Du weißt, daß das nicht reicht.«
Ich weiß. Ich weiß. Ich weiß.

Innsbruck–Zürich
Eine Winterreise in zehn Stationen

1

»Innsbruck, ich muß dich lassen« –
der das sang, ist längst verschollen.
Folge ihm, ohne zu hadern.
Wer muß, hat nichts zu wollen.

2

»Wir erreichen als nächsten Halt Ötztal« –
vertrau ihr nicht, dieser Stimme.
Denn stets verspricht sie nur Gutes.
Und immer verschweigt sie das Schlimme.

3

Auf dem Bahnhofsgebäude steht Landeck.
Das Elend hat viele Namen.
Für die eine nennt es sich »Herren«.
Für den andern schreibt es sich »Damen«.

4

St. Anton quillt über von Lügen.
Verstellungen locken zum Bleiben.
Das geht so weit, daß die Wirte
statt Mordhotel »Sporthotel« schreiben.

5

Vom Arlberg steigen die Tannen
hinunter zum Bahnhof von Langen.

Wer aussteigt, ist ihnen geliefert.
Wer weiterfährt, bleibt gefangen.

6
Wirf ja keinen Blick auf Bludenz.
Bludenz ist was für später.
In Bludenz enden die Opfer.
Du aber bist, noch, Täter.

7
Verdächtig viel Weiß in Feldkirch.
Das Weiß hier kommt nicht von Herzen.
Wer bliebe und kratzte, versänke
in abgrundtief finsteren Schwärzen.

8
»Wir erreichen Buchs/St. Gallen.«
Schau lieber nicht aus dem Fenster.
Alle, die's taten, sind heute
hier Bahnhofs- und Stellwerkgespenster.

9
»Der nächste Halt ist Sargans.«
Sargans wirkt ausgestorben.
Kein Mann, keine Frau, kein Kind:
Der Tod hat sie abgeworben.

10
»Wir erreichen in Kürze Zürich.«
Da schlägt die Falle zu.
In Zürich warten die Mäuse.
Der Käse aber bist du.

Zeig mir deinen Paß –
   und ich sage dir, wer du bist

Der Ewige Deutsche

›Konditionstraining für jedermann‹ heißt die fünfundfünfzig Seiten starke Schrift, Dr. med. Dr. phil. Hans-Henning Dehmel hat sie geschrieben, erschienen ist sie in Berlin – zweifellos ein deutsches Dokument. Doch bereits der erste Satz läßt aufhorchen: »Leninpreisträger Professor N. M. Amossow, der bekannte sowjetische Herzchirurg, dessen Buch ›Herzen in meiner Hand‹ viele Leser in der Deutschen Demokratischen Republik kennen und schätzen« – aha! Daher also weht der Wind! – »stellt in einem Interview mit aller Deutlichkeit fest: ›Bewegungsarmut und fehlendes Training sind die Hauptursachen der Krankheiten des modernen Menschen.‹«

Eine Einsicht, für die nicht unbedingt ein Leninpreisträger hätte bemüht werden müssen – ähnliches pfeifen weltweit alle Doktoren von sämtlichen Dächern –, doch eine DDR-Gesundheitsbroschüre hat offenbar so anzufangen, um folgendermaßen enden zu können: »Unter Führung der Sozialistischen Einheitspartei Deutschlands wird unsere Gesellschaft im engen Bündnis mit der Sowjetunion diese soziale Sicherheit ständig erhöhen.«

Doch solche gen Osten gerichteten Kotaus sind reine Pflichtübungen. Auf den restlichen Seiten kommt die Brudermacht kein einziges Mal mehr vor, da wird es so deutsch, deutscher geht es nicht. Da wird Punkt 5.00 Uhr aufgestanden und Punkt 21.30 Uhr ins Bett gegangen, da ist der Tag derart durch Arbeit, Ruhepausen, Sport-, Spazier- und Gymnastikeinlagen ausgefüllt, daß sage und schreibe eine einzige Stunde nicht verplanter Freizeit übrig bleibt: »20.30 Uhr – lesen, Radiohören, sich unterhalten, Schach spielen, fernsehen usw.«

Ein Fitnessprogramm also, das fast ausschließlich der Reproduktion der Arbeitskraft dient, eines, in dem nicht einmal ein Spielfilm von normaler Länge unterzubringen wäre, eines aber auch, das in seltsamem Widerspruch zur erklärten Absicht des Verfassers steht: »Es geht um ein reiches, langes und schönes Leben.«

Lang mag ein solches Leben ja werden (und vor allem scheinen): »16.45 Uhr Lüften des Arbeitsraumes, auf dem Heimweg Einkäufe erledigen, 18.00 Uhr Abendessen, so wenig wie möglich, 19.00 bis 20.00 Uhr Hausarbeit (Ehemann und Kinder helfen!), 20.00 Uhr anstrengende Fahrradtour oder Holzhacken, danach Kleiderwechseln, waschen/duschen, 20.30 Uhr lesen etc.« – aber ob dieses Leben auch reich und schön wird? Mit dieser einen freien Stunde, die der DDR-Bürger, glaubt man dem Verfasser, am sinnvollsten in einem guten Klub verbringt? »Von einem guten Klub weiß man: Dort ist immer was Interessantes los: ein Wohngebietsfest oder ein Bridge-Abend, eine Briefmarkenausstellung oder ein Münztauschabend, ein Vortrag über Sexualerziehung und Liebe oder eine Dia-Ton-Serie über Kosmonauten.«

Aber auch der Mensch im Sozialismus lebt nicht für die Arbeit, die Entspannungsgymnastik und die Kosmonauten-Dia-Ton-Serie allein, auch er will mal richtig Ferien machen. Soll er auch, meint auch Dr. Dr. Dehmel, vor allem aber sollte der Ferienmacher vor Fahrtantritt des Doppeldoktors drei Seiten langes Kapitel »Beispiel für eine Tageseinteilung bei Autoreisen« studieren, denn wenn einer Kondition braucht, dann der Autofahrer: »Auch für einen geübten Kraftfahrer ist eine reine Fahrtdauer von sechs bis sieben Stunden je Tag (also 350 bis 400 Kilometer) außerordentlich anstrengend.«

Kein Wunder, wenn der Fahrer mit 50 km/h Durchschnittsgeschwindigkeit durch die Landschaft schleicht, mag nun mancher voreilige Leser denken, doch gemach. Daß sich die Fahrt so elend hinzieht, liegt nicht am DDR-Gefährt oder am Fahrer, sondern an der »Tageseinteilung« des Dr. Dr. Dehmel, der spätestens hier die Maske des Menschenfreundes fallen läßt und sich als gnadenlos sadistischer Feldwebel zu erkennen gibt. Egalweg verreisen? Das könnte den Kerls so passen! Erstmal wird nämlich gar nicht verreist: »Urlaubstouren nicht am ersten Ferientag antreten! 2 bis 3 Tage benötigt der Organismus zur Umstimmung. Vorbereitung der Urlaubsreise, intensives körperliches Training, Spaziergänge …« Und ist einer lange genug um den Pudding gelaufen, dann darf er immer noch nicht von jetzt auf gleich weg. Die Fernreise beginnt nämlich bereits am Vortage: »Vorbereiten: 1 Thermosflasche kalte Milch oder Fruchtsaft, 1 Thermosflasche schwach gesüßten Kaffee oder Tee, Pfefferminzplätzchen, Ascoffin, 1 nassen Waschlappen (im Plastikbeutel), 1 kleines Handtuch« – all das plus diverse andere Reisehilfen liegt bereits bereit, denn am Reisetage heißt es so knapp wie barsch: »Möglichst früh die Reise antreten, Abfahrt zwischen 4 und 6 Uhr morgens.«

Freilich nicht ohne 1½ Stunden Vorbereitungszeit. »Aufstehen, Frühsport, Waschen, Frühstück plus etwa 15 bis 20 Minuten, um die Verkehrssicherheit des Fahrzeuges zu prüfen bzw. herzustellen«, was wiederum bedeutet: »Ist die Abreise für 5 Uhr geplant, muß das Wecken um 3.30 Uhr erfolgen.«

Also dann, wenn es auch im Sommer noch schön dunkel ist, aber gut, um 5 ist's ja schon heller, der Trabant fährt immer schneller, allerdings nicht lange, denn: »Spätestens um 6.30 Uhr erste Kurzpause: Aussteigen, Blase entleeren« – gut, daß das im Programm steht, man würde sich ja sonst dauernd in die Hose machen – »Körper strecken und dehnen, Spaziergang von 5 Minuten, 3 Minuten Spurt auf der Stelle, kleiner leichter Imbiß …« Und so fortan. »7.30 Uhr nächste Kurzpause«, dann 9.30 Uhr, dann: »10.30 Uhr längere Pause, Lockerung des Körpers, 10 Minuten Spaziergang, leichte Mahlzeit« – was da zusammengefuttert wird! – »½ Stunde ruhiges Liegen (Decke oder Luftmatratze)« – vielleicht hätte man doch nicht schon so früh aus den Federn steigen sollen? – »Verkehrssicherheit des Fahrzeugs überprüfen, leichte Lockerungsübung, z. B. Spurt auf der Stelle, tief ein- und ausatmen« und – auch das muß dem reisenden Bürger gesagt werden, sonst würde der da heute noch tief atmend auf der Stelle treten: »Weiterfahrt.«

Worauf der also weiterfährt und nach weiteren Pausen und innerhalb der obengenannten sieben Stunden auch tatsächlich ankommt, aber

171

noch längst nicht Dehmels Fuchtel entronnen ist: »Am Fahrtziel: kräftige Mahlzeit, danach ½ bis 1 Stunde Ausruhen, danach Duschen, Wäschewechsel« – nanu! Hat sich da doch einer in die Hose gemacht? – »erst dann Strand- oder Stadtbesichtigung, ab 20.00 Uhr Bettruhe (der Kraftfahrer ist ab 3.30 Uhr tätig!)«

Stimmt – doch warum ist er das? Nicht lediglich deswegen, weil er sich strikt an Dr. Dr. Dehmels Vorschriften gehalten hat? Genau. Doch weshalb schickt dieser Hammel seine Schäfchen bereits zur nachtschlafender Zeit auf den Weg? Verkehrstechnische Gründe entfallen – jeder, der mal durch die DDR gereist ist, weiß, wie geruhsam es dort zu jeder Tageszeit selbst auf Autobahnen zugeht. Mit sozialistischer Arbeitsmoral hat das alles ebenfalls nicht viel zu tun – der ganze Aufstehterror wird ja anläßlich einer Ferienreise angezettelt. Nein – dieser Dr. Dr. Dehmel verkörpert einen durchaus zeitlosen und ortsungebundenen Typus, den des Ewigen Deutschen: »Deutsch sein heißt, eine Sache um ihrer selbst willen zu tun.« Allerdings kommt er in modernem Gewande daher. Da werden die Leute nicht einfach in aller Herrgottsfrühe aus den Federn gescheucht, weil der Herr Doktor Doktor zufällig Frühaufsteher ist und partout nicht einsehen kann, warum es andere besser haben sollen als er selber, da hüllen sich persönliche Marotten (früh = gesund) und tradierter Puritanismus (spät = böse) in das Mäntelchen angeblich gesicherter psycho-physiologischer Erkenntnisse: »Das Maximum der möglichen Leistungsbereitschaft liegt (beginnend etwa zwei Stunden nach dem Aufstehen) zwischen 7.30 und 10.00 Uhr. Günstig ist es, alle Arbeiten, die eine hohe Konzentration erfordern, in diese Zeit zu legen.«

Ach herrjeh, und es ist bereits 18.30 Uhr. Und ich bin gerade an jenem Punkt meiner Überlegungen angelangt, der allerhöchste Konzentration erfordert, beim möglichst pointierten Schluß nämlich:

»Doktor Dehmel, dieser Dähmel –« nein, das ist dämlich.

»Die DDR – oder sollte ich besser sagen: die Doktor Dehmel Republik –« nein, das ist doof.

172

»Von der Maas bis an die Memel – alles hört auf Doktor –« oh, nein, das ist völlig unqualifiziert.
Ach ja – vielleicht hätte ich doch früher aufstehen sollen.

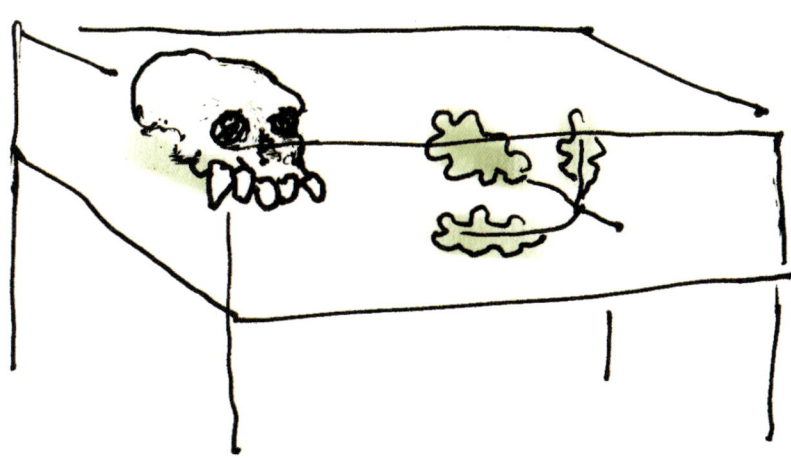

Eine merkwürdige Begegnung im Schloßpark von Herrnsheim

Im lichten Park von Herrnsheim schreit's
Lang war es kalt, nun schmilzt der Schnee
Quer übern Weg ein Defilee
Von Wasserhühnern. Oben kreischt's

Im kahlen Astwerk hockt ein Grün
Und schreit, als brächte man es um
Groß klafft sein Schnabel rot und krumm
Kreischt er in Herrnsheims lichtem Park

Da schreit's und kreischt's und wird beschrien
Von zweitem Grün aus gleichem Baum
Ein Doppelkreischen füllt den Raum
So unerhört wie unverfrorn

In Herrnsheims lichtem, kaltem Park
Gesellt ein drittes Grün sich dem
Was da schon hockt, laut und bequem
jedoch nicht lang. Ein Kreischen naht

Sich Herrnsheims Park. Im hellen Licht
Stürzt gellend Grün um Grün herbei
Ein vierter, fünfter Papagei
Und reißt die andern schreiend mit

So daß das aufsteigt, grell und stark
Kreischt es durch Herrnsheims lichten Park.

174

Bochum – Frankfurt am 21. 6. 92

Dieser einzigartige Abend
Alle Deutschen in Schweden
Dort ist gerade diese Fußball-EM
das packt jeden

Dieses Spiel nämlich müssen wir packen
dann sind wir im Finale
Ich habe schlau meine Taschen gepackt
und strahle

Ein ganzer Zug nur für mich
am längsten Tag des Jahres
Wer da so verzückt in die Dämmerung gestarrt hat?
Ich war es

Diese Helle hinter Bochum
Dieses nicht enden wollende Licht
Das habe ich über Stunden gehabt
und ihr nicht

Diese Junisehnsucht, dies Locken
Dieses sommerlich-düstere Strahlen
Dieser Südglanz auf nördlichen Farben
Nicht zu bezahlen

Diese Nebel auf rotgrünen Wiesen
Dieser Widerschein auf den Schloten

Dieser schimmernde Rhein vor dem tiefdunklen Dom
Echt verboten

Diese Fahrt dann in samtene Schwärze
Diese Ankunft, dies Taxi, diese bei-
läufige Frage: Na, hab'n wir's gepackt?
»Drei zu zwei.«

Vater der Ströme: Amazonas

Wasser, so weit das Auge reicht, Augen, die im Dunkeln funkeln – die Bootsfahrt auf dem größten Fluß der Welt könnte zum Abenteuer werden: Eine Bilanz

DIE MELDUNG: »dpa Madrid. Die Deutschen waren auch 1994 am meisten unterwegs. Nach Schätzungen der Welt-Tourismus-Organisation (WTO) unternahmen sie 65,2 Millionen Auslandsreisen. Das waren 4,2 Prozent mehr als 1993 … Die Reiseströme haben sich 1994 zum Teil neu orientiert. Ostasien und der pazifische Raum stagnieren auf hohem Niveau, während Südamerika und die Karibik zusammen mit Australien und Neuseeland die Regionen mit den höchsten Zuwachsraten waren.«

DIE ÜBERLEGUNG: Müssen diese Ströme sein? Bildet diese Art von Fernreisen noch? Werden da nicht vielmehr menschliche und fossile Energie verschwendet, Ressourcen, die im Zeitalter globaler visueller Kommunikation und virtueller Wirklichkeitserfahrung für sinnvollere Zwecke genutzt werden könnten als den, die Personen zu den Orten zu bringen? Sind nicht die Orte längst zu den Personen gekommen, in Form derart eingängiger Worte und suggestiver Bilder, daß sich die Information vor Ort erübrigt?

DIE VERSUCHUNG: »Haben Sie Lust, für uns an den Amazonas zu fahren?« Die Frage kommt aus heiterem Himmel, dabei schüttet es draußen. »Ich stehe dieser Art von Fernreisen eigentlich skeptisch gegenüber«, lautet meine Antwort. »Wann soll es denn losgehen?« »In einer Woche.« »Könnten Sie mir die Entscheidung dadurch erleichtern, daß Sie mir den Reiseverlauf mitteilen?« »Er wird Ihnen umgehend zugeschickt.«

DIE VERSUCHSANORDNUNG: »Erlebnis Amazonas-Kreuzfahrt« lese

ich, sodann, daß der Amazonas der »Vater der Ströme« sei, und schließlich: »Eine der besten Möglichkeiten, die Natur ›live‹ zu erleben, bietet
Ihnen eine Kreuzfahrt auf dem typischen Boot ›Amazon Clipper‹ – und
da reift in mir eine gar nicht mal so dumme Idee: Ich werde alle Stationen der schön übersichtlichen, dreitägigen Kreuzfahrt bereits am
Frankfurter Schreibtisch zu Papier bringen, gestützt lediglich auf die
knappen Angaben des Reiseprospekts und das reichliche Vorwissen in
meinem Kopf; nach vollbrachter Reise aber werde ich diese imaginären
Abenteuer mit meinen wirklichen Erlebnissen vergleichen, um sodann
die Frage schlüssig zu beantworten: Mußte diese Reise sein?
Doch bevor es so weit ist, werden zunächst fünfmal Verheißung, Erwartung und Erfüllung einander abwechseln.

VERHEISSUNG 1: »Abfahrt vom Hotel Tropical in Manaus flußabwärts
vorbei am ›Meeting of the Waters‹ …«

ERWARTUNG 1: Das also ist der Amazonas. So also sieht das »mit über
siebentausend Kilometer Länge und mehr als tausend Nebenflüssen
größte Flußsystem der Welt« am »Meeting of the Waters« aus. Groß in
der Tat, kaum daß ich das gegenüberliegende Ufer ausmachen kann vor
lauter zusammenfließendem Wasser, Massen, auf welche unaufhörlich
weiteres Wasser prasselt, so als habe die gerade herrschende Regenzeit
noch etwas nachzuholen, um die monströse Quote zu erfüllen: »Allein
20 Prozent des fließenden Frischwassers der Erde ergießt der Amazonas täglich in den Atlantischen Ozean.« Die Erde – welch ein Euphe-
mismus! »Das Wasser« müßte dieser Planet von Rechts wegen heißen!
Ehrfürchtig sieht's der Mensch vom »Amazon Clipper« aus, ein Wasser-
spender auch er, da strömender Schweiß mit dem Fluß um die Wette
mäandert …

ERWARTUNG 1: Ja, so war es. Mit zwei, drei Einschränkungen: Erst der
Augenschein lehrte mich, daß da zwei recht ungleiche Wasser aufeinan-
dertreffen, das klare, dunkle Wasser des Rio Negro und das trübe, helle
des Rio Solimoes. Einige Kilometer fließen sie unvermischt nebeneinander her, das Kind der Vereinigung aber ist der »Vater der Ströme«,

erst ab hier heißt er Amazonas: Dessen Breite beträgt an dieser Stelle etwa fünfzehn Kilometer, doch selbst wenn sie nur hundert Meter betrüge, wäre das gegenüberliegende Ufer wegen der wütenden Regenfälle nicht zu erkennen. Staunend sieht's der Mensch und zieht das schützende Regenzeug etwas enger: Bei einer Temperatur von dreiundzwanzig Grad und starkem Wind kann von Schwitzen nicht die Rede sein. Und so was nennt sich Tropen?

VERHEISSUNG 2: »Kanuausflug in Seitenarme. Rückkehr zum Boot nach Sonnenuntergang und Beobachtung des ›Nachtlebens‹ im Urwald.«

ERWARTUNG 2: Auch daran gewöhnt man sich. Eben noch haben wir vom geräuschlos dahingleitenden Kanu aus miterlebt, wie Wasser und Urwald schier zu verglühen schienen, da umgibt uns auch schon die wie immer in den Tropen schlagartig hereinbrechende Dunkelheit, aus welcher unser »Amazon Clipper« fern und tröstlich leuchtet, ein Zuhause inmitten der Wildnis. Einer Wildnis, die erst jetzt wirklich zu sich zu kommen scheint. Kaum sind die Schwärme kreischender Papageien im undurchdringlichen Laub ihrer Schlafbäume verschwunden, da hallt das Dunkel wider von Stimmen, die uralte Ängste wecken vor den Kreaturen der Nacht und den Schrecken des Waldes. Raschelnd, schnaufend, fauchend, fiepend, plätschernd und prustend tritt im Schutz der Dunkelheit ans Wasser, was so fremd heißt, wie es aussieht: Pecari, Aguti, Capybara und Kaiman. Langsam sucht der Scheinwerfer unseres Guides das Ufer ab, bleibt dort auf reflektierenden Augen haften, dort auf dem nassen Grannenhaar eng aneinandergedrängter Rücken, das sich nun unmerklich sträubt …

ERFÜLLUNG 2: Es war alles ganz anders. Statt im Kanu saßen wir in einem vielsitzigen Motorboot, der Sonnenuntergang fand wegen Wolkendecke nicht statt, und die Dunkelheit brach einigermaßen gemächlich herein. Den »Amazon Clipper« hatte schon bei Fahrtbeginn die kleinere »Donna Selly« ersetzt, und deren Lichter mußten niemanden trösten, da die Wildnis so wild nicht war: Über der Bucht, in der wir vor Anker

gegangen waren, lag ein Haus, aus welchem Hundegebell und tränentreibender Kindersingsang tönte. Ganze zwei Papageien hatte ich vor Einbruch der Dunkelheit den Abendhimmel kreuzen sehen, so stur und schweigsam, als ginge es zur Nachtschicht und nicht auf den Schlafbaum. Dafür lärmt weiter, was bereits bei abnehmender Helligkeit damit begonnen hatte: Frosch und Zikade, Grille und Kröte – alles keine so schrecklich unheimlichen Tiere. Und das Pecari alias Nabelschwein, das Aguti alias Goldhase und das Capybara alias Flußschwein? Alles heimliche Wesen, die nicht gerade dann ans Wasser treten, wenn ein großes Motorboot durch kleine Seitenarme knattert. Dennoch reflektieren Augen in den schwimmenden Wiesen des Flußufers: Ein offenbar licht- und lärmunempfindlicher Kaiman läßt das Boot so nah an sich herankommen, daß unser Guide das gut einen Meter lange Tier mit Hilfe einer Schlinge aus dem Wasser reißen kann. Wie es sich windet! Welch zornige und verzweifelte Laute das sonst so schweigsame Wesen ausstößt! Da kommt wirklich so etwas wie Grausen auf; es gilt dem Menschen, der sich viel Zeit läßt, bis er dem armen Tier seine Freiheit zurückgibt.

VERHEISSUNG 3: »Besuch von Einheimischen.«

ERWARTUNG 3: Schon als sich der Clipper der Anlegestelle nähert, beschleicht den Reisenden ein ungutes Gefühl, nun, da das Boot anlegt und der Dorfälteste jeden Gast mit einem Gebinde aus bunten Federn beschenkt, weiß er sich in einer jener Fallen, die allüberall auf jene warten, die noch immer dem Wahn frönen, sie könnten straflos ihre Nase in alles und jedes stecken, in alle Welt und in jede Lebensform. Niemand hat ihn gerufen, doch nun, da er da ist, hier, wo seine Vorgänger dafür gesorgt haben, daß niemand mehr in Frieden leben kann, schon gar kein Naturvolk – nun soll er auch für seine Schamlosigkeit zahlen. Dabei schämt er sich in Grund und Boden. Schämt sich seiner Neugier beim Rundgang durchs Dorf. Schämt sich, als er den werkelnden Frauen bedeutet, er habe keinen Bedarf an Schmuckbändern. Schämt sich seines Desinteresses für den rituellen Kriegstanz. Schämt sich seiner

Ungeduld, den beschämenden Ort so rasch wie möglich und möglichst ohne Gegengabe verlassen zu können …

ERFÜLLUNG 3: Mein tiefsitzendes Schamgefühl in Ehren – ein offenbar noch tiefer wurzelndes Bedürfnis nach Exotik hatte mich falsch lesen und imaginieren lassen. Nicht »Eingeborene«, »Einheimische« hatte der Prospekt versprochen, und das Exotischste, was die zu bieten haben, sind Maniokwurzelernte, Maniokschälen und Maniokzerkleinern – alles Vorgänge, die dem Besucher bereits von der Kartoffel her vertraut sind. Dem Schamgefühl freilich tut diese Normalität keinen Abbruch, im Gegenteil. Während ich zusammen mit vier anderen Touristen der siebenköpfigen Familie bei ihrer eintönigen Arbeit zusehe und mir vom Guide erklären lasse, was alles aus der Maniokwurzel gewonnen wird, sehe ich die sieben in mein Frankfurter Atelier treten, wo ihnen ein deutscher Reiseleiter erklärt, wie ein Reisebericht entsteht.

VERHEISSUNG 4: »Piranha-Angeln.«

ERWARTUNG 4: Das Piranha-Angeln enttäuscht. Keine Rede davon, daß ein ganzer Ochse, in das von Fischen kochende Wasser gesenkt, nach wenigen Minuten als sauber abgenagtes Skelett wieder herausgezogen würde, nicht einmal meinen Frischfleischköder nehmen die Killerfische mit ihrem angeblich untrüglichen Sensorium für Blut und ihren messerscharfen Dreieckszähnen an. Von Mal zu Mal desillusionierter, ziehe ich die Angel aus dem Wasser, und ich werde auch nicht fröhlicher, als am Haken des Nachbarn plötzlich etwas Silbernes zappelt, das alles mögliche sein kann – warum nicht ein Piranha?

ERFÜLLUNG 4: Volltreffer! Genauso war es: Etwa eine Stunde lang warfen fünf Touristen und zwei Einheimische vergeblich ihre mit frischem Fleisch bestückten Angeln ins Wasser, das lediglich dann etwas kochte, wenn der Guide es mit der Hand aufwühlte, ein Vorgang, der dem Vernehmen nach Piranhas zu Beißen animieren soll. Ein Fisch ließ sich schließlich erweichen, anstandshalber biß er gleich beim wasserpatschenden Landsmann an. Stolz zeigte uns der Fänger die in der Tat messerscharfen Zähne seiner Beute, beschämt blickten wir auf die Lianen und Holzstücke, welche fortwährend an unseren Angeln hängenblieben. Was machten wir nur falsch?

VERHEISSUNG 5: »Dschungelwanderung.«

ERWARTUNG 5: Ist das überhaupt ein Wald? Nicht vielmehr ein von grün gefiltertem Licht durchfluteter Dom, in welchem sich die Tiere so verhalten, wie es auch Menschen in einer Kirche zu tun pflegen – sie schweigen? Jetzt jedenfalls, zur Mittagszeit, sind hier einzig die Schritte der Reisegruppe im feuchten Dschungelboden zu hören, und das einzige, was wir Reisenden sehen, ist wuchernde Artenfülle, wie sie nur dort anzutreffen ist, wo tropischer Regenwald über Jahrtausende vom Menschen in Ruhe gelassen wurde …

ERFÜLLUNG 5: Ein grüner Dom? Ich habe zwar nur ein bis zwei der circa fünf Millionen Quadratkilometer amazonischen Waldgebiets kennengelernt, doch wenn dieses Stück Wald schon mit einer Kirche verglichen werden muß, dann war es eher eine mittelhohe, recht unaufgeräumte Pfarrkirche mit undichtem Dach – dauernd tropfte es – und unaufmerksamem Küster: Fortwährend pfiff und plärrte jemand; verständlich, daß bei dem Lärm keine sakrale Stimmung aufkommen wollte. Ein Großteil des von uns durchwanderten Dschungels sei Sekundärwald, erfahre ich, also bereits einmal gerodete, dann wieder nachgewachsene Wildnis, und dunkel ahne ich, daß solche Informationen mich in einen noch weit undurchdringlicheren Dschungel hineinführen, in den Filz von Geld, Gier, Armut, Gedankenlosigkeit, schamlosen Interessen und berechtigten Bedürfnissen, der den Wäldern Amazoniens in den vergangenen Jahrzehnten hart zugesetzt hat, ihre Gegenwart an vielen Stellen unübersehbar verschandelt und ihre Zukunft bedroht.

DIE SCHLUSSFOLGERUNG: Mußte diese Reise sein? Sie hat mich zumindest dreierlei gelehrt: Den Verheißungen Fremder darf man nur bedingt Glauben schenken. Den Bildern im eigenen Kopf sollte man bis zur Überprüfung mißtrauen. Brasilien ist ein aufregendes Land, nicht so sehr seiner vielen Bäume und Tiere wegen, als wegen der Vielfalt seiner Menschen. Aber das ist eine andere Geschichte.

Endstation Einsicht

Im Freak-Café,
da endet man,
wie man auf einer
Klippe landet.
Man fragt nicht lang,
krallt sich nur fest,
greift zu und trinkt.
Vom Lärm umbrandet
schaut man sich um
und hört schnell weg.
Was sich da
lumpenhaft gewandet
laut mitteilt,
weiß nicht, was es sagt.
Doch dort, wo solch
Gelall versandet,
in müdem Kopf,
wird Einsicht wach:
Bist nicht gerettet,
bist gestrandet.

Die Wahrheitsblume

Inti war mit seiner Klasse im Botanischen Garten gewesen, und als er und Sandra Herrn P. besuchten, brachte er das Gespräch rasch auf all die Wunderdinge, die er am Vormittag gesehen hatte. Das ärgerte Sandra.

»Und dann waren wir im Orchideenhaus!« erzählte Inti. »Da war es ganz heiß, und Orchideen gab's da, Orchideen!«

»Was soll es denn sonst im Orchideenhaus geben?« fragte Sandra mißmutig. »Vielleicht Stiefmütterchen?« Aber Inti ließ sich nicht stören. »Dann kamen wir zu den fleischfressenden Pflanzen. Du – das sind aber gruslige Pflanzen! Die fressen Fleisch! Richtiges Fleisch!«

»Was ist denn daran gruslig, wenn jemand Fleisch frißt?« stöhnte Sandra. »Ich fress' auch Fleisch. Bin ich etwa gruslig?«

»Und dann kamen wir zu den Kakteen«, fuhr Inti unbeirrt fort. »Solche Apparate, ungelogen!« Er stellte sich auf den Stuhl, hob die Arme so hoch er konnte und malte wildwuchernde Kakteen in die Luft.

»Ist ja gut!« unterbrach ihn Sandra. »Ich sehe die Kakteen direkt vor mir. Paß bloß auf, daß sie dich nicht gleich dabehalten, wenn du das nächste Mal ins Kakteenhaus gehst!«

Inti setzte sich unbeeindruckt wieder hin und griff sich das letzte Stück Erdbeerkuchen, bevor Sandra zugreifen konnte. »Im Botanischen Garten gibt es überhaupt alle Pflanzen der Welt«, erklärte er tiefzufrieden. Das war zu viel für Sandra.

»Das gibt's doch nicht!« schrie sie. »Weißt du denn überhaupt, wie viele Pflanzen es gibt?«

»So viele wie im Botanischen Garten«, sagte Inti heiter. »Und da sind vielleicht Pflanzen! Orchideen zum Beispiel, ein ganzes Haus voller Orchideen. Und …«

Aber Sandra unterbrach ihn. »Fang bitte nicht noch mal von vorne an!«

Dann wandte sie sich an Herrn P. »Sag du doch auch mal was! Daß Inti im Botanischen Garten alle Pflanzen der Welt gesehen hat, ist doch ganz unmöglich – oder?«

Herr P. blickte nachdenklich auf. »Eine wird er dort wahrscheinlich nicht gesehen haben«, sagte er dann. »Erstens ist sie sehr selten, und zweitens können überhaupt nur sehr wenige Menschen sie sehen. Ich meine die Florabella Veritatis.«

»Die Florawas?« fragte Inti, während Sandra ihm einen triumphierenden Blick zuwarf.

»Die Florabella Veritatis«, wiederholte Herr P. »Ihr wißt vielleicht, daß alle Pflanzen zwei lateinische Namen haben. Der Pfirsich beispielsweise heißt Amygdalus Persica. Auf diese Weise können die vielen Pflanzen besser klassifiziert, das heißt eingeordnet werden. Linné, ein schwedischer Wissenschaftler, hat diese Klassifizierung vor etwa 200 Jahren erfunden.«

»Und was ist mit dieser Florabella Dingsbums?« fragte Inti.

»Florabella Veritatis – das heißt auf deutsch: Die schöne Wahrheitsblume. In Deutschland wird man sie freilich vergeblich suchen.«

»Wo wächst diese Pflanze denn?« wollte Sandra wissen.

»In Stummatra«, sagte Herr P. »Das ist eine Insel im Stillen Ozean, auf der die Menschen nur das Allernotwendigste reden. Und sie sind wahrscheinlich auch die einzigen, die diese Blume immer sehen können.«

»Und du?« fragte Inti. »Hast du sie denn mal gesehen?«

»O ja«, seufzte Herr P. »Ich habe sie gesehen, aber ich kann sie nicht mehr sehen.«

»Weil sie nicht da ist«, sagte Sandra achselzuckend. »Und was nicht da ist, kann man auch nicht sehen.«

»O nein«, erwiderte Herr P. »Ich könnte sie auch dann nicht sehen, wenn sie hier wäre.«

»Das begreife ich nicht«, sagte Sandra.

»Ich werde es dir erklären«, sagte Herr P. »Es war so: Vor nunmehr etwa

187

zwanzig Jahren las ich in einer schwedischen Zeitung eine Anzeige, in der die Botanische Gesellschaft der Universität von Uppsala demjenigen eine hohe Belohnung versprach, der ihr als erster ein Exemplar der Florabella Veritatis brächte. Da ich auf Geld und Abenteuer aus war, meldete ich mich bei der angegebenen Adresse. Ich wurde vor einen würdigen Professor geführt, der mich prüfend ansah und dann fragte: ›Junger Mann, wissen Sie auch, worauf Sie sich da einlassen?‹ ›Nein‹, antwortete ich wahrheitsgemäß. ›Dann will ich es Ihnen sagen‹, fuhr der Professor fort, ›die Florabella Veritatis führt ihren Namen Schöne Wahrheitsblume nicht umsonst. Nur der kann sie finden, der noch nie in seinem Leben gelogen hat. Trauen Sie sich die Suche immer noch zu?‹ ›Ja‹, sagte ich bedenkenlos. Darauf erhielt ich einen Vorschuß und schiffte mich bereits am nächsten Tag nach Stummatra ein.«

»Und?« fragte Inti. »Hast du die Blume gefunden?«

»Um es kurz zu machen – ja«, sagte Herr P. »In Stummatra angekommen erfuhr ich, daß die Florabella Veritatis nur im schwer zugänglichen Innern der Insel wachse. Einige Eingeborene, die an der Küste wohnten, erklärten sich durch Kopfnicken bereit, mit mir die Expedition zu wagen. Nach zahlreichen gefahrvollen Abenteuern, die mich mit fahlen Tigern, astdicken Riesenschlangen und grüngepanzerten Krokodilen Bekanntschaft schließen ließen, waren wir endlich am Ziel meiner Suche. Vor uns lag das ›Tal der weißen Unbestechlichen‹, wie es die Eingeborenen nannten, und seine Hänge waren übersät von unzähligen Blüten, die sich strahlend vom tiefgrünen Blattwerk abhoben. In Tausenden von Exemplaren bot sich die Florabella Veritatis meinem Auge dar, doch ich sollte ja nur eine einzige Pflanze nach Schweden bringen. Rasch hatte ich einen kleinen blühenden Busch mitsamt den Wurzeln ausgegraben und in ein vorsorglich mitgeführtes, wassergefülltes Glas versenkt, da geschah es. Während der gesamten Expedition hatten die mich begleitenden Eingeborenen geschwiegen, doch ausgerechnet in diesem Moment fragte einer von ihnen arglos: ›Ich habe gehört, ihr Weißhäutigen wohnt in Häusern, die bis in die Wolken reichen. Wohnst du auch in einem solchen Haus?‹ ›Ja‹, entgegnete ich unüberlegt – teils, um ihm eine Freude zu machen, teils, um mich in den Augen der Eingeborenen wichtig erscheinen zu lassen, und dieses unbedachte Ja genügte. Mit einem Schlage verschwand nicht nur die Blüte der Florabella Veritatis, die ich gerade gepflückt hatte, es verschwanden auch all die abertausend Blüten, die das Tal noch im Moment zuvor zu einem überirdisch schönen Anblick gemacht hatten.«

»Aber wieso denn?« fragte Inti erstaunt.

»Weil ich gelogen hatte«, erwiderte Herr P. bekümmert. »Ich wohnte damals nämlich gar nicht in einem Wolkenkratzer, sondern in einem Zweifamilienhaus.«

»Und dann?« fragte Sandra.

»Erschreckt erkannte ich, daß ich verloren hatte«, entgegnete Herr P. »Obwohl ich wußte, daß ich in meiner Hand ein Glas mit einer blühenden Florabella hielt, sah ich aus diesem Glas nur dunkelgrüne Blätter ragen. Mit dieser unsichtbaren Ausbeute aber wagte ich es nicht, vor die Botanische Gesellschaft der Universität von Uppsala zu treten. Enttäuscht verzichtete ich auf die Belohnung, betrübt kehrte ich heim, zerknirscht stellte ich das Glas mit den immer noch grünen Blättern und der unsichtbaren Blüte auf meinen Balkon, wo sie mich seither täglich an meine kleine und doch so folgenreiche Lüge erinnert und daran mahnt, stets die Wahrheit zu sagen.«

»Du hast eine Florabella Veritatis auf dem Balkon?« fragte Sandra ungläubig.

»Muß ich sehen!« forderte Inti.

»Ach, ihr werdet wahrscheinlich auch nur die grünen Blätter erblicken«, sagte Herr P. und lächelte schmerzlich. »Aber wenn ihr unbedingt wollt – bitte sehr!«

Er ging den Kindern bis zur Balkontür voran, stieß sie auf und wies auf die Balustrade: »Da.«

»Aber da ist doch eine weiße Blume!« sagte Inti mit Nachdruck, und Sandra rief: »Ich seh sie! Ich seh sie!«

189

»Ihr seht sie?« fragte Herr P., und wieder redeten die beiden zugleich: »Aber ja!« »Dort im Glas!« »Die Blüte ist ganz groß!« »Mitten zwischen den Blättern!«

Doch plötzlich verstummte Sandra, schaute Inti mißtrauisch an und fragte: »Du siehst sie also auch?«

»Ja natürlich! Ganz deutlich. Die Blume ist …« Aber Sandra unterbrach ihn.

»Da stimmt etwas nicht«, sagte sie zu Herrn P. »Wenn das da die Wahrheitsblume ist, kann Inti sie unmöglich sehen. Der hat in seinem Leben schon so oft gelogen, daß er von Rechts wegen überhaupt keine Pflanzen mehr sehen dürfte.«

»Und du?« schrie Inti. »Wer hat denn gestern gesagt, er hätte keine Hausaufgaben in Englisch, weil er …«

Doch Sandra ließ ihn nicht ausreden.

»Und du hast auch gelogen«, sagte sie zu Herrn P.

»Aber ja«, bestätigte der. »Das habe ich doch bereits zugegeben. Eine kleine harmlose Lüge – und schon konnte ich die Florabella Veritatis nicht mehr sehen.«

»Nein«, sagte Sandra scharf. »Du hast gelogen, als du sagtest, daß du die Blume nicht sehen kannst.«

»Aber nein«, erwiderte Herr P. »Ich kann sie nicht sehen, weil ich gelogen habe.«

Inti war dieser Unterhaltung ohne viel Interesse gefolgt. »Also ich kann diese Blume jedenfalls sehen«, äußerte er mit Nachdruck. »Und das bedeutet, daß ich noch nie in meinem Leben gelogen habe. Was ja auch stimmt.« »Das ist die größte Lüge, die du je zusammengelogen hast!« sagte Sandra heftig.

Doch dann mußten die Kinder gehen, und Herr P. brachte sie zur Haustür.

»Komm! Gib zu, daß du ein wenig geschwindelt hast«, sagte Sandra im Hinausgehen. Herr P. nickte: »Klar.« Sandra lächelte erleichtert

»Ich habe nämlich nie in einem Wolkenkratzer gewohnt«, erläuterte

Herr P. »Und ich hätte deshalb dem Eingeborenen auch nie sagen dürfen, daß …«

»Fang nicht schon wieder an!« rief Sandra erbost, doch auf dem Heimweg begann sie unvermutet zu kichern. »Warum lachst du denn?« fragte Inti.

»Weil ich Herrn P. ebenfalls angeschwindelt habe«, sagte Sandra.

»Ich habe die Blume nämlich gar nicht gesehen. Und du? Bist du denn ganz sicher, daß du sie gesehen hast?«

»Aber natürlich!« antwortete Inti. »Sicher! Ganz bestimmt!« Doch plötzlich wurde auch er unsicher. »Sandra!« rief er. »Warte! Da war doch eine Blume, nicht wahr?«

Aber seine Schwester war schon lachend davongelaufen, so daß er sich beeilen mußte hinterherzukommen.

Der ICE passiert Günzburg

Wieder an Günzburg vorbei.
Wie oft schon Günzburg gesehen,
das turmreiche, aber der Zug
blieb niemals in Günzburg stehen.

Freilich:

Hätt' er das einmal getan –
wär' ich denn ausgestiegen?
Daß ich von Günzburg nichts weiß,
kann nicht am Fahrplan liegen.

Denn:
Furcht hält den Menschen zurück,
sich dem, was schön scheint, zu nahen.
Jedermann weiß darum.
Viele, die Günzburg sahen –

Aber:

Keiner, der Günzburg betrat.
Keiner, der Günzburg durchschritten.
Keiner, der, mittags entflammt,
nächtens um Günzburg gelitten.

Denn:

Daß uns etwas ergreift,
meint auch, daß wir es nicht fassen.
Was den Schluß nahelegt,
Günzburg links liegen zu lassen.

Und nicht nur Günzburg.

Versucht vor Florida

Denken wir uns das immer flüssige Meer. Und verdenken wir es uns unserem unseligen Seefahrer, den wir gleich näher kennenlernen werden, nicht, daß er liebend gern hartes Land unter den Füßen spüren würde. Da es aber nicht so ist ...

Wasser hat keine Balken, ich habe keine Flossen, was habe ich hier verloren. Doch die Einflüsterungen der falschen Freunde waren zu verlockkend gewesen.

»Gene bereitet dir den frischesten Hummer deines Lebens, direkt an Bord«, hatte der erste gesagt.

»Du wirst dir doch nicht einen Trip auf Genes Motoryacht entgehen lassen!« hatte der zweite hinzugefügt.

»Wenn man schon mal am Meer ist, muß man auch aufs Meer«, hatte der dritte dreist behauptet.

»Na gut«, war meine Antwort gewesen, nun bekomme ich die Rechnung für soviel Gutmütigkeit präsentiert.

O Gott, ist mir schlecht. Der Bootsrand hebt und senkt sich, hebt und senkt sich, hebt und senkt sich. Hebe ich den Kopf, so sehe ich weit entfernt die Küste Floridas, die sich hebt und senkt, hebt und senkt, hebt und senkt. Lehne ich den Kopf auf die Bootsbank zurück, sind da über mir Köpfe der falschen Freunde, die sich vor dem makellosen Spätnachmitttagshimmel heben und senken, heben und senken, heben und senken. Und wo ist Gene?

Der speert gerade auf dem Meeresgrund den frischesten Hummer meines Lebens, und ich durchleide den ältesten Kummer der seefahrenden Menschheit, die Seekrankheit.

Wenn wir die See wenigstens befahren würden! Aber wir haben ja Anker geworfen und dümpeln nun hin und her, eine Nußschale in einem leicht ungehaltenen Atlantik, der mit jemandem wie mir leichtes Spiel hat, mir wird ja schon schlecht, wenn ich an einer Schaukel vorbeigehe. »Auch einen Weißwein?« fragen die falschen Freunde und halten mir einen randvollen Plastikbecher hin. Dafür werden sie dermaleinst sehr leiden müssen, in jener Spezialhölle für Seekrankheitsverhöhner, die nicht einmal ein Dante sich auszumalen wagte: In der Trommel einer riesigen Waschmaschine werden sie sich alle wiederfinden, und die wird rund um die Uhr laufen und ihr wird nicht Wasser, sondern lauwarmes Altöl zugeführt werden, vermengt mit Lysol und Essensresten, bedient von mitleidlosen Unterteufeln, die hin und wieder ihr »Auch einen Scheißwein?« ins unabläßig rotierende Inferno schreien. Ja, die werden schon sehen, wo sie bleiben. Aber wo bleibt Gene?

Ach, daß er doch seinen schönen, gummigepanzerten Körper über die Reling wuchtete und mich hier liegen sähe. Er wüßte, was zu tun ist: Leinen los! Alle Kraft an Land! Herr Professor, dieser Mann hier hat Unsägliches durchgemacht – wird er jemals wieder richtig trinken können? »Wo bleibt Gene?« frage ich einen der falschen Freunde, der sich gerade unbekümmert nachschenkt. Er deutet auf das Meer. Wer schon öfter mit Gene draußen gewesen sei, der wisse, daß er stets so lange unten bleibe, bis er genügend Beute gemacht habe: »Gene ist halt ein Jäger.« Was ist Gene eigentlich nicht? Als ich ihn das erste Mal sah, bei jener Premiere im sommerlichen Deutschland, degradierte er die Umstehenden durch die Bank zu Mängelexemplaren. Wo um Himmels willen wurden solche Männer hergestellt, aus derart kostbaren Materialien und dermaßen gut verarbeitet? Diese bronzene Haut! Diese wundersamen Löckchen, die diese Haut überzogen, bis hinein in die Ohren, unterschiedlich große, jedoch unterschiedslos perfekte Spiralen, wie ich sie bisher nur auf den Stirnen von Stieren der attischen Frühklassik gesehen hatte. Diese Herzlichkeit schließlich, mit der er alle Freunde seines Freundes, des Stars des Abends, ebenfalls zu Freunden erklärte und zu sich einlud, wobei er ihnen freilich die Qual der Wahl aufbürdete: Wohin denn nur? Ins New Yorker Penthouse? Auf die Farm in

Pennsylvanien? In die Berghütte in Colorado? In die Villa an der Costa Smeralda? Oder in eines der beiden Häuser in Florida?

»Was für ein Mann!« hatte ich einem der Freunde des Stars zugeflüstert. »Wo gibt's die?«

»Glaubst du denn ein Wort von dem, was er sagt?« war die mitleidige Antwort gewesen, und erst widerstrebend, dann fast erleichtert, sah ich Gene ins fahle Licht des Zweifels getaucht: Stimmt! Eigentlich zu schön der Ganze, um wahr zu sein. Alles Schwindel? Umso besser! War ich etwa schön und reich und liebenswürdig? Wieso dann der?

Wie schlecht ich war. Wie schlecht mir ist. Wie sich der Küstenstrich Floridas hebt und senkt, hebt und senkt, hebt und senkt, so, als zucke da ein ganzer Kontinent angewidert die Achseln über soviel Unglauben: Du hast ihn des Schwindels verdächtigt, zur Strafe wird dir selber schwindlig sein, bis es dem Verdächtigen beliebt, wieder aufzutauchen, im Fangnetz den frischesten Hummer deines Lebens.

Gene ist ein Hummerjäger, und mich kann man mit Hummer jagen, jedenfalls jetzt, jedenfalls hier. »Seht ihn an, den Hummer, trinkt er, wird er dummer« – habe ich das wirklich einmal geschrieben, lang, lang her, weit, weit weg, auf dem festen Lande, wo Trinken noch eine Freude und Hummer noch eine Speise war? Ob sie das je wieder für mich werden?

Die falschen Freunde freilich haben andere Sorgen. »Das dauert!« ruft der eine und durchstöbert die Bordküche. »Ich mach schon mal den Knabberwix hier auf!« »Cream-Crackers? Dazu paßt eigentlich nur ein 89er Nappa Valley«, wird ihm zur Antwort. »Auch einen?«

Die Hölle, das sind die anderen, doch in diese Hölle bin ich durch eigene Schuld geraten. Ich hatte dem Zweifelteufel den kleinen Finger gereicht, der hatte die ganze Hand genommen und ist nun dabei, mich zu wiegen und zu wiegen und zu wiegen, das Ausspeien überläßt er dann wieder mir, geschieht mir ganz recht, meine Rede sei ja, ja, nein, nein, was darüber ist, ist von Übel –

»Man ruft mich?«

197

Wie kommt dieser dürre Kerl plötzlich aufs Boot?

»Nein. Wieso?«

Er zuckt die Achseln und lupft sein Hütchen. Zart zittert die Hahnenfeder im Abendwind.

»Mir war janz so, als habe jemand meinen Namen anjerufen«, sagt er und zupft fast verlegen an den etwas zu kurzen Ärmeln seiner grünen Joppe.

»Wer sind Sie denn überhaupt?«

»Jestatten, von Übel, Jeneralvertreter. Und was machen wir denn so? Wir werden jerade jepeinigt, stimmt's? Jut, jut, nicht stören lassen, sehen ja schon janz jrün aus im Jesicht. Und warum wird er jepeinigt? Erzählt doch mal was, Kinder?«

Wieso scharen sich die falschen Freunde derart eifrig um den Dürren? Was mögen sie ihm mitzuteilen haben? Weshalb schaut er plötzlich starr und ungläubig in meine Richtung?

»Ach was! Sie haben also Ihren Mitmenschen und Wohltäter, den Herrn Gene, der Teufelei bezichtigt?«

»Keineswegs!« antworte ich so fest es meine wacklige Lage erlaubt. »Ich habe lediglich nach seinem Pferdefuß gesucht. Ist doch menschlich.«

»Und? Jefunden?«

Aber nein. Wie denn auch, bei Genes amphibischer Lebensweise? Im Ozean des Geldes war er zu Hause, dort ließ er sich und sein Mobilphone von wechselnden Strömungen mitreißen, erwarb Zitrushaine in Texas und Weinberge in Kalifornien, Supermarktbeteiligungen und Junkbonds und stieß sie alle ab, wenn ihm sein Schweizer Gewährsmann, angeblich der bedeutendste Privatbankier dieses mit Banken gesegneten Landes, steckte, das Große Geld fließe mittlerweile in den Pacific Rim, Richtung Hongkong, Singapur, Malaysia, Kuala Lumpur –

»Aha! Diese Schiene also! Braunjebrannter, reicher, auf den ersten Blick sympathischer Schönling entpuppt sich auf den zweiten als janz jemeiner Finanzhai –«

Der Tag schickt sich an, strahlend zu enden, ich bin dabei, elend zu verenden, aber bevor es so weit kommt, will ich noch rasch meinen Frieden mit der Welt und mit Gene machen. Doch mit welchem? Wer ist eigentlich der eigentliche Gene?

Gene, der Naturfreund, der seit seiner Jugend auf dem Lande Hunderte von Gewächsen gepflanzt hat und beim Namen kennt und zugleich dazu imstande ist, eine einzelne, durch menschlichen Unverstand verdorrte Eiche zu betrauern? Gene, der Kunstfreund, der bereits als junger Student damit begonnen hatte, die damals noch preiswerten, heute hochbezahlten Indianermaler des Neunzehnten Jahrhunderts zu sammeln, die Catlin, Bodmer, Bierstaedt? Gene, der Weltfreund, der nicht nur von allem den Preis wußte, sondern auch den Wert kannte? Gene, der Menschenfreund, der sich anstandslos die Küchenschürze umband, um seinen Freunden den Spezialsalat nach altitalienischem Familienrezept zuzubereiten? Gene, der Tierfreund, der keine Marlins mehr jagt, seit er nach vielstündigem, erbarmungslosem Kampf in das brechende Auge eines solchen Schwertfisches hatte blicken müssen? Eines Rekord-Marlins, nebenbei gesagt, der durch die Unachtsamkeit des Mitanglers unwiederbringlich in den Fluten der Karibik versank und mit ihm das Preisgeld von 50 000 Dollar. Oder waren bei diesem Wettangeln gar ganze 100 000 ausgesetzt gewesen?

Der reiche Mann und das Meer – warum bin ich kein Papa Gernhardt? Das alles schreit doch geradezu danach, festgehalten zu werden – warum ist hier alles so wacklig? Und warum taucht Gene nicht wieder auf? Weil er noch keine Beute gemacht hat? Oder weil er selber die Beute eines der Seeungeheuer einer seiner ungeheuerlichen Unterwassergeschichten geworden ist, des unglaublich mächtigen Tigerhais oder der unvorstellbar riesigen Muräne?

Wie viele Möwen plötzlich über mir kreisen! Galten sie nicht als die Geier der Meere? Oder waren sie die Polizei der Wasserwüste?

In ihr Schreien mischt sich Gesang. Mit ruckartigen Bewegungen seiner dürren Arme dirigiert von Übel die falschen Freunde, die lauthals einen genefeindlichen und seekrankheitsverachtenden Kanon intonieren:

»Wir haben Hunger, Hunger, Hunger, haben Hunger, Hunger, Hunger, haben Hunger, Hunger, Hunger, haben Durst. Wo bleibt der Hummer, Hummer, Hummer, bleibt der« –

Singt ihr nur so weiter! Bevor der Wasserhahn zum ersten Mal gekräht hat, werdet ihr Gene dreißig Mal verraten haben, mindestens, ich aber –

Da bricht der Gesang ab. Statt dessen starrt mich alles erst schweigend an, dann wird Getuschel laut:

»Jetzt wird er ironisch, unser jepeinigter Freund.«

»Das werden sie doch alle, bevor sie zu Kreuze kriechen.«

»Na, na, Jutester, nicht diese Töne!«

»Zum Teufel – ist mir doch nur so rausgerutscht!« Streng blickt von Übel, betreten schaut der falsche Freund, die beiden anderen versuchen ein Ablenkungsmanöver. »Seht nur, Pelikane!« »Und gleich so viele!«

Vier überqueren uns im Tiefflug, wie auf Schienen gleiten sie dahin, ich aber werde gehoben und gesenkt, gehoben und gesenkt, gehoben und –

»Jeschenkt!« ruft von Übel. »Kommen wir zur Sache, werter Jepeinigter! Sie wissen vermutlich längst, wer ich wirklich bin, Sie ahnen wahrscheinlich, was ich tatsächlich will« – und er streckt mir beidhändig etwas entgegen. Ein Papier und eine Schreibfeder? Eine Papiertüte und eine Reiherfeder?

O ja, ich habe ihn gleich erkannt. Groß Macht und viel List sein grausam Rüstung ist. Ich weiß aber auch, daß ich ihn mit einer Frage auf die Probe stellen darf. Vermag er die nicht zu beantworten, so ist er gescheitert, und lediglich ein Schwefelrüchlein wird an den Versuch einer Versuchung erinnern, also frisch gefragt: »Was haben Marmor, Stein und Eisen, ein Marlinauge und ich gemeinsam? Na?«

Doch von Übel zögert nicht, ist auch besser so, denn jeden Augenblick droht mein Denkspiel Wirklichkeit zu werden: »Sie alle können brechen«, antwortet er und rückt mit seinen Gaben näher. »Wobei Sie, werter Jepeinigter, es in der Hand haben, ob das auch so bleiben soll. Eine Unterschrift – und ihnen wird nie wieder von irgendwas schlecht werden. Ist das ein Anjebot?«

»Her mit dem Wisch!« So gesammelt es geht, beginne ich zu lesen: »Ja! Ich möchte einen Schnupperpakt mit dem Teufel schließen. Dafür erhalte ich kostenlos und unverbindlich« – da regt sich letzter Widerstand. »Eigentlich habe ich mir so einen Pakt etwas würdiger vorgestellt!«

»Ich finde ihn auch reichlich amerikanisch«, antwortet von Übel achselzuckend. »Aber Er hat ihn nun mal so jewollt.«

»Ja, sind Sie es denn nicht selber?« will ich fragen und weiß doch bereits die Antwort. Kein Wunder, daß ich vergeblich nach Genes Pferdefuß gesucht hatte: Er ist der Pferdefuß.

»Bringen wir es hinter uns«, sagt von Übel und drückt mir die Feder in die Hand. »Ihr Aujust Wilhelm jeht auf die jestrichelte Linie!«

»Ja! Ich verschreibe gern meine Seele und nehme dafür den einmaligen Gutfühl-Service in Anspruch, bestehend aus –«

Noch einmal lasse ich Papier und Feder sinken »Ja! Ja! Ja!« sage ich so spottlustig es meine marode Lage gerade noch erlaubt.

»Na ja«, räumt von Übel hüstelnd ein. »Wo bleibt das Nejative? werden Sie jetzt fragen. Tja – weiß der Teufel, wo das bleibt bzw. wo das jeblieben ist. Aber die Zeiten ändern sich und wir mit ihnen, Versuchte, Versuchungen und Versucher. Gene ist der Jeist, der stets bejaht. Oder können Sie sich einen Gene vorstellen, der irgendetwas verdammt?«

Die Frage ist so abwegig, daß ich trotz meiner Übelkeit lächeln muß. Wenn jemand alles pries, und das fortwährend, dann Gene. Is that beautiful – or what?! war sein Lieblingssatz, den er je nach Anlaß nur geringfügig variierte: Super! I love it! Noch seinen schrecklichen Sturz gestern, auf Wasserskiern bei hundert Stundenkilometern, hatte er, zurückgekehrt, unter Ächzen gefeiert: »Habt ihr mich stürzen sehen? Welch ein Sturz! Seit fünfzehn Jahren bin ich nicht mehr so gestürzt. Unbelievable!«

Ihr werdet sein wie Gene – war das nicht seit unserer Jugend die Geheim- und Kardinalversuchung unserer Rasse und Klasse gewesen? Hatten wir uns nicht jahrzehntelang gegen sie gewehrt? Unser Heil in immer neuen, immer differenzierteren, auch abwegigeren Neins gesucht? Und hatte nicht trotzdem einen nach dem anderen jene schwache Stunde ereilt, in welcher er zum Augenblicke sein »Verweile doch, du bist so schön« gesagt und diese Schwachheit auch noch als Hörnerabstoßen bemäntelt hatte, als Realitätstüchtigkeit, Reife gar, ja Weisheit?

Jäh begreife ich, warum den falschen Freunden nicht schlecht wird: weil ihnen gut ist. Kotzen kann nur der, der etwas zum Kotzen findet. Doch wer sucht schon freiwillig danach?

»Jenug jezaudert!« drängt von Übel, da beschwöre ich in letzter Not einen letzten, nur unter Mühen memorierten Gegenzauber. »Vater unser …« Und siehe da: Er wirkt! Immer dünner wird die Gestalt über mir, immer rauchförmiger, geradezu durchsichtig, immer fester fahre ich fort: »Und führe uns nicht in Versuchung, sondern erlöse uns von dem Übel« – und über das, was dann passierte, gibt es drei Versionen, meine, die der falschen Freunde und die Genes:

»Auf einmal kam es mir hoch – und dann habe ich vielleicht etwas zusammengereihert!«

»Auf einmal kamst du hoch – und dann hast du vielleicht etwas zusammengereihert!«

»Ich komme an der Bordwand hoch – und auf einmal reihert euer Freund vielleicht etwas zusammen! Voll auf das Hummernetz – habt ihr das gesehen? So etwas ist mir auf See noch nie passiert. Unglaublich! I love it!«

Der Baldy
oder
Ein verwirrender Moment auf dem
Stuttgarter Hauptbahnhof

Glaubte, Baldy aus dem ICE aussteigen zu sehen,
in dem ich saß, es sollte nach München gehen,
und wir waren in Stuttgart, als ich ihn zu sehen wähnte:
Das war doch Baldy, der da auf dem Bahnsteig gähnte
und an mir vorbeiging, ohne mich zu grüßen.
Na, Baldy, dachte ich, das sollst du mir büßen,
schaute ihm nach, wie er von dannen eilte,
entsann mich plötzlich, daß Baldy gar nicht mehr unter den
    Lebenden weilte,
weil es doch Baldy als ersten der Klasse geschrägt hatte,
sah noch, wie die Gestalt, nachdem sie sich Richtung Halle
    bewegt hatte,
stehenblieb, begrüßt von anderen Gestalten,
und dachte noch: Für einen Toten hat sich der Baldy aber
    erstaunlich gut gehalten!

Der Wanderer

Viel hätte nicht gefehlt,
er hätte aufgeschrien.
Da lag das Meer vor ihm,
auf das die Sonne schien.
Und fliegende Fische!

So lange unterwegs,
daß er zu träumen meint.
Da liegt das Meer vor ihm,
und eine Sonne scheint
auf fliegende Fische.

Zu schön, um wahr zu sein,
er hat rasch kehrtgemacht.
Als er dann innehielt,
war Berg um ihn und Nacht.
Und heulende Hunde.

Hinter der Kurve

Was hinter jener Kurve ist –
Ich weiß es nicht.
Du weißt es nicht.
Es rauszufinden ist die Pflicht,
Die uns das Schicksal zugemißt

Nein: zugemußt. Nein: zugemaßt.
Ich weiß es nicht.
Weißt du es denn?
Die Last des Zugemessenen
Hat mir mein bißchen Hirn zerpraßt.

Zerpraßt? Zerprißt? Zerproßt? Zerpreßt?
Was weiß denn ich?
Was weißt denn du?
Wir schreiten auf die Kurve zu,
Und jeder Schritt zerbricht uns fest.

Fest? Fist? Fust? Fost? Fast? Aber halt!
Ich weiß das Wort.
Du weißt das Wort.
Mich hält hier nichts, und du mußt fort.
Nun denn! Auf geht's! Schon wird es kalt.

207

Bitte ausschneiden
und bei Bedarf vorlegen

Leis öffnet sich das Tor zur Nacht,
es wird von einem Hund bewacht,
der stumm auf einen Stern starrt.
Der Hund läßt jeden durch das Tor,
legt er ihm diese Zeilen vor
gez. Robert Gernhardt

Nachwort

Das Lesebuch unternimmt Streifzüge durch das literarische Werk Robert Gernhardts. Jedes Kapitel verfolgt ein Motiv über die Gattungsgrenzen hinweg: daß schöne Frauen immer Recht haben; wie unmöglich es ist, aus der Geschichte Lehren zu ziehen; warum das Gespräch zwischen dem Schöpfer und seinen Geschöpfen scheitert; welche Horizonte das Reisen öffnet. Diese Wege führen zu Zeitungsparodien und Theaterszenen, zu Erzählungen, Satiren und Humoresken und natürlich immer wieder zu Gedichten – vom Nonsens-Vers über Liebeslyrik bis zum Epos.

Die Funde zeigen zum einen, wie ideenreich Robert Gernhardt manches Thema und manches Bild über lange Strecken verfolgt hat. So finden sich in allen seinen Schaffensperioden Schilderungen mißglückender Kommunikation zwischen Gott und Mensch. Dabei gewinnt Gernhardt seinem Gegenstand stets neue Aspekte ab, wechselt die Perspektive und setzt andere Akzente. Nicht zuletzt erreicht er über die Wahl verschiedenster literarischer Formen, daß das Thema immer wieder in neuer Gestalt überrascht.

Wie etwa eine Anspielung auf das Buch Hiob in zwei unterschiedlichen Zusammenhängen jeweils völlig andere Funktionen erfüllt, zeigen die Erzählung *Das Buch Ewald* und das ein gutes Jahrzehnt später erschienene Gedicht *Hiob im Diakonissenkrankenhaus*. In beiden Werken schafft der Bezug auf den alttestamentarischen Text Fallhöhe. Diese Fallhöhe erzeugt im *Buch Ewald* Komik, zunächst weil Gott selber nur erstaunlich schemenhafte Erinnerungen an die Hiob-Geschichte hat, was ihm – da er darin dem durchschnittlichen Leser gleichen dürfte –

sehr menschliche und sympathische Züge verleiht. Doch ausgerechnet als Gott sich an den Urtext der Bibel wieder erinnert, scheitert sein Versuch, auf den Studenten Ewald Einfluß zu gewinnen, noch spektakulärer, weil die an Naturbildern überreiche Sprache der Gottesrede durch die Zimmerwirtin Ewalds eins zu eins in die Gegenwart transportiert wird und so zu den abenteuerlichsten Fehlinterpretationen führen muß.

Auch im Gedicht *Hiob im Diakonissenkrankenhaus* wird die Fallhöhe durch die Leuchtkraft der biblischen Gestalt Hiob geschaffen. Der in der Überschrift so benannte Krankenhauspatient unterläuft die damit erweckten Erwartungen gründlich. Sein kurzer Monolog schildert in teils umgangssprachlicher, meist sogar salopper Diktion sein Leiden. Seine Qualen gehen dem Leser dadurch noch näher. Doch sträubt sich schon dieser Ton dagegen, das Gedicht als eine Anklage, ein Hadern, ein Verzweifeln an Gott zu lesen. Und es ist – auch darin wird die Erwartung düpiert – gar nicht Gott selber, den der Patient anruft, sondern eine unbenannte Personengruppe – die Diakonissen, die dem Krankenhaus den Namen geben. Der anklagende Gestus verflüchtigt sich noch weiter, indem das lyrische Ich nur in den beiden ersten Strophen die Aussage aufstellt, daß »euer Gott« ihn »gequält« und »zur Sau gemacht« habe, in den nächsten zweien aber den Diakonissen lediglich Fragen stellt, wie »liebt Gott den, dem er Saures gibt?« Statt eines Verzweifelns an Gott wird der Zweifel an einem Gott artikuliert, dem man das eigene Leid überhaupt vorwerfen könnte.

Beide Texte spielen damit, daß Sprache das erwartete Stilniveau verfehlt. Für beide Texte ist es zudem charakteristisch, daß der im *Buch Hiob* geführte Dialog zwischen Mensch und Gott über Mittelsleute, nämlich die Zimmerwirtin und die Diakonissen geführt wird. Schließlich nutzen sie beide den Umstand, daß das *Buch Hiob* zwar den allermeisten bekannt, aber in seinem Gehalt und seiner Haltung doch sehr fern ist. Daß bei dieser Vergleichbarkeit – sowohl des Gegenstands als

212

auch der Mittel – sich die Form, die Stimmung und die Aussage der Texte so überdeutlich unterscheiden, beweist, wie virtuos Gernhardt das Material verwandelt und wie kunstreich und differenziert er seine Techniken einsetzt.

Robert Gernhardt hat seine Themen überall gefunden. Er widmete sich den großen Menschheitsfragen wie Gott und dem Jüngsten Gericht, dem Altern und dem Tod. Aus Wissenschaften wie Biologie und Geschichte, Philosophie und Juristerei gewann er Motive, die er als Spielmaterial oder Stichwort nutzte, bisweilen auch über längere Strecken präzise darstellte, um in Form eines Gleichnisses Bezug auf sie zu nehmen. Doch oftmals wählte er auch alltägliche Beobachtungen und Szenerien als Gegenstand seiner Literatur. Ein besonders häufiges dieser Alltagsmotive sind Zugfahrten. Diese seien, so beschrieb er es einmal, »genuin poetisch: Der Dichter muß die Bilder nicht evozieren, sie gleiten gut sichtbar an ihm vorbei«.

Zwei dieser Gedichte zeigen auch hier wieder, wie reiche und wie verschiedene Früchte Gernhardt aus solchen Situationen zieht. Die besondere Atmosphäre einer abendlichen Zugfahrt während eines wichtigen Fußballspiels bildet die Grundierung des Gedichts *Bochum – Frankfurt am 21. 6. 92*. Der sehnsüchtige Blick aus dem Zugfenster auf eine reizvolle, aber nur durchquerte Stadt gibt den Anlaß für *Der ICE passiert Günzburg*. Beide Situationen kennt, wer regelmäßig Bahn fährt. Sie sind für diese Art des Reisens und in gewisser Weise auch für unsere Zeit typisch. Die Reise von Bochum nach Frankfurt wird in ihren stimmungskräftigen Bildern gezeigt, deren Suggestivität sich steigert. Die erste und die letzte Strophe thematisieren das Fußballspiel, dem sich die zu Hause gebliebenen Deutschen widmen, und bilden so gewissermaßen die Brückenköpfe einer mehrbogigen Brücke. Die Frage an den Frankfurter Taxifahrer, ob »wir's gepackt« hätten, markiert die Rückkehr nicht nur in die Heimatstadt, sondern auch zum Erleben des

Kollektivs, das an der berauschenden Bahnfahrt keinen Anteil nehmen konnte.

Der *ICE passiert Günzburg* zeigt ein anderes Verfahren Gernhardtscher Poetisierungskunst. Als Ausgangspunkt dient auch hier eine Alltagsbeobachtung: Schöne Städte, an denen man häufig vorbeifährt, lassen die Frage aufkommen, warum man sie immer nur passiert und sie nie besucht. Hieran knüpft Gernhardt große Gedanken über den Zusammenhang von Schönheit und Furcht, von Sehnsucht und Unerreichbarkeit, von Verlockung und Sich-Entziehen. Diese in hohem Ton formulierten Erkenntnisse über die Conditio humana erdet er aber selbstironisch, indem er immer wieder auf die ganz konkrete Kleinstadt Günzburg (zwischen den ICE-Haltepunkten Ulm und Augsburg) Bezug nimmt.
Oft und zu Recht ist an Gernhardts Dichtkunst deren spielerische Eleganz gelobt worden. Das liegt nicht nur an der Brillanz, mit der er Sprache und Motive formt. Man merkt seinen Werken vielmehr an, daß er neben der realisierten Lösung noch mehrere andere zur Verfügung gehabt hätte, um den Stoff in Literatur zu verwandeln. Um mit seinen Worten zu sprechen:

»Es macht den wahren Dichter aus,
Daß er so und auch anders kann.«

Im Kapitel *Das Elend hat viele Namen* sind schließlich Arbeiten versammelt, die sich innerhalb des Œuvres weniger durch ein gemeinsames Motiv, als durch eine besondere Stimmungslage abheben. Sie zeichnen sich durch verstörende Dunkelheiten und Rätsel aus, die – und das ist vielleicht das Auffallendste – nicht aufgelöst werden. Diese Traumbilder entfalten bei aller Beklemmung auch den Zauber des Fremden. Selbst für diese Solitäre kann man eine Entwicklungslinie bis ins Frühwerk verfolgen, etwa zur Gruselgeschichte *Die Ursprache* aus dem Jahr 1964.

Es ist vielleicht kein Zufall, daß gerade manche dieser eher dunklen Texte auch formal eine Zwischenstellung zwischen Erzählung und Gedicht
einnehmen, etwa *Kindheit* aus dem Gedichtband *Weiche Ziele* oder das
Gespräch im Hotel Schwarzer Bock, Ansbach 1993. Gernhardt könnte
solche – für sein Werk ungewöhnliche – Mischformen gezielt zur »Ver-
dunkelung« eingesetzt haben, wenn er sich unheimlichen Inhalten widmete. Es gibt noch vieles in dem großen Werk von Robert Gernhardt zu
entdecken.

Johannes Möller

Für Robert

Spontanversuch eines Gedichts
über die wunderschöne Frau
die sich erhebt im Morgengrau …
Ne, so wird das sicher nichts

Wer wippt auf der Bettkante
nippt am dritten Tee mit Rum
und muß gleich ins Gymnasium?
Die schöne Unbekannte

Eh zu spät, schon zehn nach acht
keine Tasse mehr im Schrank
Hausaufgaben nicht gemacht
Ich seh's ein und schreib sie krank

Sie widerspricht, ihr sei nicht schlecht
Fein, schöne Fraun ham immer recht
Nun maln wir mal den großen Zeh
geht ratzfatz und tut nicht weh

Schaun Sie, meine Süße
fertig sind die Füße
Nun die Wade bis zum Knie
und mit Schwung die Arschpartie

Na ja, so sieht man nichts davon
wechseln Sie mal die Position

Kann ich mich auch flach hinlegen?
Hernach gern, jetzt nicht bewegen

Nicht mal zucken, Schatzi!
wenn's wo juckt, ich kratz Sie
Unterstehn Sie sich, Sie Wicht!
Und meine Pickel maln Sie nicht

Fest versprochen, ich verzicht
Erwähn's nicht mal im Schlussgedicht
auch wenn mir schier der Bleistift bricht
Zapperment, der Vers wird schlicht

Und das Bildnis braucht mehr Ocker
Mädchen, mach Dich doch mal locker
So wird ein Schuh draus, wow, gewagt!
Ganz genau wie Gernhardt sagt:

»Gott spricht nur immer Ja
der Teufel immer Nein:
Drum ist der Mensch verdammt
der Schiedsrichter zu sein«

Da meint er mich, drum heb das Kinn
so lang ich am Ohrläppchen bin
Herrjemine, saukompliziert
ich find, Du bist verkehrt frisiert

Schüttel mal Dein Haar, mein Kind
Wunderbar, wie Rückenwind
Sorry, der Tee, ich muss mal eben
Mammamia, nicht erheben …

Lieber Robert, nimm es hin
daß ich nicht ganz fertig bin
Und gib ruhig einfach zu
Schuld daran bist letztlich Du

Preisest zünftig feine Damen
und dann falln sie aus dem Rahmen

Mehr sag ich jetzt nicht dazu
herzlich gern, Dein Rudi Hu

Quellennachweise

Die Quellennachweise geben die Originalquellen an und beziehen sich, soweit möglich, auf lieferbare Ausgaben. Die Kapitelüberschriften sind Zitate von Robert Gernhardt.
Soweit nicht anders angegeben, liegen die Rechte an den Texten beim
S. Fischer Verlag, Frankfurt am Main, Copyright © S. Fischer Verlag GmbH,
Frankfurt am Main.

Schöne Fraun, die haben immer recht

Schöne Fraun. Aus: Robert Gernhardt, Körper in Cafés. Gedichte,
Frankfurt/M. (Fischer Taschenbuch 13398) 1997
Eine Frau zwischen zwei Männern. Aus: Robert Gernhardt, Kippfigur.
Erzählungen, Frankfurt/M. (Fischer Taschenbuch 16511) 2004
Gnadenlos schön. Aus: Robert Gernhardt, Weiche Ziele. Gedichte,
Frankfurt/M. (Fischer Taschenbuch 12986) 1998
Liebe Else, lieber Peter. Aus: Robert Gernhardt, Letzte Ölung, Frankfurt/M.
(Fischer Taschenbuch 17913) 2008
Begegnung. Aus: Robert Gernhardt, Weiche Ziele, a. a. O.
Amour fou in der Metzgerei Illing. Aus: ebd.
Die neue Sinnlichkeit. Aus: Robert Gernhardt, Es gibt kein richtiges Leben
im valschen, Frankfurt/M. (Fischer Taschenbuch 12984) 1997
Unverzeihlich. Aus: Robert Gernhardt, Weiche Ziele, a. a. O.

Geschichte ist kein Lehrbuch, Geschichte ist ein Sumpf

Sumer-Couplet. Aus: Robert Gernhardt, Im Glück und anderswo,
Frankfurt/M. (S. Fischer) 2002
Freund der Geschichte in Rom. Aus: Robert Gernhardt, Weiche Ziele, a. a. O.
Couplet von der Erblast. Aus: Robert Gernhardt, Lichte Gedichte,
Frankfurt/M. (Fischer Taschenbuch 14108) 1999

Der betrogene Betrüger. Aus: Robert Gernhardt, Die Blusen des Böhmen, Frankfurt/M. (Fischer Taschenbuch 13228) 1997. Erstdruck mit kleinen Varianten unter dem Titel »Vor 448 Jahren wurde Luther vom Teufel versucht« in: »pardon« (Doppelseite »Welt im Spiegel«) August 1969. Nachdruck: Robert Gernhardt, F. W. Bernstein, Friedrich Karl Waechter, Welt im Spiegel. WimS 1964 – 1976, Frankfurt/M.: Zweitausendeins, 1979. Copyright © Nachlaß Robert Gernhardt, durch Agentur Schlück

Die Großmut des Mächtigen. Eine Szene aus dem Dreißigjährigen Krieg. Aus: ebd., Erstdruck mit kleinen Varianten in »pardon« (Doppelseite »Welt im Spiegel«), November 1964. Nachdruck: Robert Gernhardt, F.W. Bernstein, Friedrich Karl Waechter, Welt im Spiegel. WimS 1964 – 1976, Frankfurt/M.: Zweitausendeins, 1979. Copyright © Nachlaß Robert Gernhardt, durch Agentur Schlück

Fliegengedicht. Aus: Robert Gernhardt, Weiche Ziele, a. a. O.

Geteiltes Land – gemischte Gefühle. Aus: Robert Gernhardt, Letzte Ölung, a. a. O.

Gegen Götter kämpfen selbst Dumme vergebens

Aus: Robert Gernhardt, F. W. Bernstein, Friedrich Karl Waechter, Welt im Spiegel. WimS 1964 – 1976. Frankfurt/M.: Zweitausendeins, 1979. Copyright © Nachlaß Robert Gernhardt, durch Agentur Schlück

Vom lieben Gott, der über die Erde wandelte. Aus: Robert Gernhardt, Die Blusen des Böhmen, a. a. O. An diesem Märchen hat Peter Knorr mitgearbeitet.

Gebet. Aus: Robert Gernhardt und F. W. Bernstein, Besternte Ernte. Gedichte, Frankfurt/M.: Zweitausendeins, 1976. Auch als Fischer Taschenbuch 13229. Copyright © Nachlaß Robert Gernhardt, durch Agentur Schlück

Gut gesagt. Aus: Robert Gernhardt, F.W. Bernstein, Friedrich Karl Waechter, Welt im Spiegel, a. a. O. Copyright © Nachlaß Robert Gernhardt, durch Agentur Schlück

Vom Kindlein, das ein Hochhaus betrat. Aus: Robert Gernhardt, Die Blusen des Böhmen, a. a. O.

Erdgebet. Aus: Robert Gernhardt, Im Glück und anderswo, a. a. O.

Bei den Reichen. Aus: Robert Gernhardt, Denken wir uns, Frankfurt/M. (S. Fischer) 2007

221

Nimm und lies. Die drei Berufungen des Kirchenvaters Augustin. Aus: Robert Gernhardt, Wörtersee, Frankfurt/M.: Zweitausendeins, 1981. Auch als Fischer Taschenbuch 13226. Copyright © Nachlaß Robert Gernhardt, durch Agentur Schlück

Das Buch Ewald. Aus: Robert Gernhardt, Kippfigur, a. a. O.

Hiob im Diakonissenkrankenhaus. Aus: Robert Gernhardt, Lichte Gedichte, a. a. O.

Woran ich glaube. Aus: ebd. Das Gedicht entstammt dem hundertteiligen Zyklus »Herz in Not«

Choral. Aus: ebd.

Finger weg. Aus: Robert Gernhardt, Körper in Cafés, a. a. O.

Jakobinischer Wandersmann. Aus: Robert Gernhardt, Weiche Ziele, a. a. O.

Aus dem Lieder- und Haderbüchlein des Robert G. Aus: Robert Gernhardt, Später Spagat, Frankfurt/M. (S. Fischer) 2006

Gespräch des Geschöpfs mit dem Schöpfer. Aus: Robert Gernhardt, Im Glück und anderswo, a. a. O.

Das Elend hat viele Namen

Zehnte Zeile des Gedichts »Innsbruck – Zürich. Eine Winterreise in zehn Stationen«. Aus: Robert Gernhardt, Weiche Ziele, a. a. O.

Sechster Dezember. Aus: Robert Gernhardt, Im Glück und anderswo, a. a. O.

Fototermin. Aus: Robert Gernhardt, Weiche Ziele, a. a. O.

Kindheit. Aus: ebd.

Die Ursprache. Unter dem Pseudonym Paul H. Burg in: 36 x Gänsehaut. Schwarze Geschichten für sensible Leser. Illustriert von F. K. Waechter. Frankfurt/M.: Bärmeier & Nikel, 1964 (Pardon-Bibliothek). Taschenbuchausgabe: München (Goldmann) 1985. Copyright © Nachlaß Robert Gernhardt, durch Agentur Schlück

Ein Gespräch im Hotel »Schwarzer Bock«, Ansbach 1993. Aus: Robert Gernhardt, Weiche Ziele, a. a. O.

Jammer. Aus: Robert Gernhardt, Körper in Cafés, a. a. O.

Prozeß. Aus: Robert Gernhardt, Weiche Ziele, a. a. O.

Innsbruck – Zürich. Eine Winterreise in zehn Stationen. Aus: ebd.

Zu diesem Titel erscheint eine limitierte Vorzugsausgabe
in einer Auflage von 120 Exemplaren
mit einer Originalgrafik von Rudi Hurzlmeier
Die Vorzugsausgabe trägt die ISBN 978-3-7632-6495-7

1. Auflage 2012
Alle Rechte dieser Ausgabe
Copyright © 2012 Büchergilde Gutenberg,
Frankfurt am Main, Wien und Zürich
Gestaltung und Herstellung: Katrin Jacobsen, Frankfurt am Main
Satz: Pinkuin Satz und Datentechnik, Berlin
Gesetzt aus der Minion 12 auf 16 Punkt
Gedruckt auf 115 g/qm Gardapat 13 kiara
Lithoarbeiten: RGD, Langen
Druck und Bindung: Westermann Druck, Zwickau
Printed in Germany 2012
ISBN 978-3-7632-6494-0

www.buechergilde.de